U0680701

# 现代教育理念下的
# 高职院校教育教学管理研究

吉　翔◎著

中国原子能出版社

**图书在版编目（CIP）数据**

现代教育理念下的高职院校教育教学管理研究 / 吉
翔著. --北京：中国原子能出版社，2023.6
ISBN 978-7-5221-2796-5

Ⅰ . ①现⋯　Ⅱ . ①吉⋯　Ⅲ . ①高等职业教育–教学管
理–研究　Ⅳ . ①G718.5

中国国家版本馆 CIP 数据核字（2023）第 119636 号

现代教育理念下的高职院校教育教学管理研究

| | | |
|---|---|---|
| **出版发行** | 中国原子能出版社（北京市海淀区阜成路 43 号　100048） | |
| **责任编辑** | 杨晓宇 | |
| **责任印制** | 赵　明 | |
| **印　　刷** | 北京天恒嘉业印刷有限公司 | |
| **经　　销** | 全国新华书店 | |
| **开　　本** | 787 mm×1092 mm　1/16 | |
| **印　　张** | 13 | |
| **字　　数** | 226 千字 | |
| **版　　次** | 2023 年 6 月第 1 版　2023 年 6 月第 1 次印刷 | |
| **书　　号** | ISBN 978-7-5221-2796-5　　　**定　价　72.00 元** | |

# 作者简介

吉翔 男，江苏食品药品职业技术学院副研究员。毕业于西安电子科技大学英语语言文学专业，硕士，研究方向：高职教育管理与研究。发表各类学术论文十余篇，主持和参加多项省级和市级课题研究，参与编写的《高职院校劳动教育理论与实践教程》由南京大学出版社出版发行。

# 前　言

　　《国家职业教育改革实施方案》开篇指出，职业教育与普通教育是两种不同的教育类型，具有同等重要的地位。改革开放以来，职业教育为我国经济社会发展提供了有力的人才支撑。从 1980 年建立职业大学至今，我国高职教育走过了四十多年不平凡的发展历程，已成为我国高等教育体系的重要组成部分和新的增长点。高职教育的发展不仅对我国高等教育进入大众化阶段起到了决定性作用，而且也为进入大众化阶段后的高等教育健康发展起到了重要作用。经济全球化的数字经济和技术经济时代，要求我们在理性审视和谋划高职教育发展的同时，强力推进高职教育管理，大幅提升高职教育质量，从而不断提高高职教育对经济社会发展的贡献。

　　我国的高职院校管理是随着我国高职教育的快速发展而形成的时代课题。大多数高职院校是在 21 世纪初由中专学校升格而成，高职院校管理或多或少地沿袭了中专学校管理理念与模式，这与高职教育的"高等性"很不协调。为了体现这种"高等性"，部分高职院校便生搬硬套地模仿普通本科院校的管理理念与模式，这种管理又弱化了"职业性"教育特征。高职院校在"沿袭"与"模仿"中艰难探索管理之道。2015 年教育部印发了《职业院校管理水平提升行动计划（2015—2018 年）》，提出要"加快实现学校治理能力现代化"，为高职院校管理能力建设指明了方向与路径。通过实施三年行动计划，高职院校普遍建立了学校章程，通过章程的制定与实施，大多数高职院校逐渐探索构建起了适应学校发展与高职教育特征的管理体系。

在内容上，本书共分为五个章节。第一章为绪论，主要从高职院校教育的角色定位、现代教育理念综述、教育教学管理概述三个方面展开论述；第二章为高职院校教育教学管理的逻辑内涵，主要围绕高职院校教育教学管理的特点与任务、高职院校教育教学管理的原则与规律、高职院校教育教学管理组织与管理制度三个方面展开论述；第三章为高职院校教育教学的具体内容，依次介绍了高职院校教学综合管理、高职院校专业与课程建设管理、高职院校实践教学管理、高职院校教学质量管理、高职院校教师与学生管理、高职院校校园文化管理六个方面的内容；第四章为高职院校教育教学管理现状及对策，依次介绍了高职院校教育教学管理现状、高职院校教育教学管理对策两个方面的内容；第五章为基于现代教育理念的高职院校教育教学管理的构建，分为五部分内容，依次是基于以人为本理念的高职院校教育教学管理建设、基于全面发展理念的高职院校教育教学管理建设、基于素质教育理念的高职院校教育教学管理建设、基于创新理念的高职院校教育教学管理建设以及基于开放理念的高职院校教育教学管理建设。

在撰写本书的过程中，作者得到了许多专家学者的帮助和指导，参考了大量的学术文献，在此表示真诚的感谢。本书内容系统全面，论述条理清晰、深入浅出，但由于作者水平有限，书中难免会有疏漏之处，恳请广大读者批评指正。

# 目　录

# 第一章 绪 论

高职院校的教育教学活动是整个教学系统正常运转的核心和纽带。本章内容为绪论，从高职院校教育的角色定位、现代教育理念综述、教育教学管理概述三方面入手，从总体上对教育教学、现代理念下的高职教育等相关内容进行系统的论述。

## 第一节 高职院校教育的角色定位

### 一、高职教育的概念属性

#### （一）高职教育的概念界定

高职教育是高等职业技术教育的简称，是高等教育系统中的一个子系统。从广义角度来分析，高等教育指的是"由大学或由国家主管当局批准为高等院校的其他教育机构提供各类中学后的学习、培训或研究培训"[①]。一般来说，中等教育之上的教育就是高等教育，高等教育是一个范围很广的概念，囊括了中等教育之上的所有教育，其中全日制大学教育、大学远程教育、在职教育、技

---

① 联合国教科文组织世界高等教育会议. 世界高等教育宣言［R］. 给予参考资料，1999（3）.

术教育等都属于高等教育。高职教育是广义高等教育中的重要内容。

各国对高职院校有着不同的称呼。例如，美国多称社区学院，德国是职业学院和高等专科学校，英国则叫多科性技术学院，日本则为短期大学或 5 年制高等专门学校，等等。而人们分析教育活动的时候，并不执着于其名称的差异。因为区分其性质的首要标准是其教育内容和培养目标，片面地用院校名称来代替教育内容，"可能会牺牲广泛进行国际比较所需要的国际可比性这一目标，因为院校结构在国际上通常是不可比的"①。所以，在高等教育大众化过程和框架下，我们把高等技术教育体系简称之为高职教育，不会导致概念上的混淆，倒是符合中国实际的。这里，我们需要就什么是高职教育，它在高等教育和社会发展中地位如何，它的性质、意义、作用是什么，作一个准确的辨析。

从汉语提炼压缩的习惯和规范角度来讲，"高等职业技术教育"可以简称为"高职教育"。那么高等职业技术教育的准确含义是什么呢？确切来说，"高职教育"是一个融合概念，融合了"高等教育"与"职业技术教育"两个概念，1997年，联合国教科文组织颁布的《国际教育标准分类法》详细规定了高等职业技术教育包括的具体内容。开展高等职业技术教育有着重要的目的，也就是帮助学生掌握从事某个职业或行业，或者某类职业或行业所需的实际技能和知识。学生完成全部学业之后，就具备了进入劳务市场的能力和资格。我们讨论的高等职业技术教育的内涵与联合国的界定是相符的，但是需要注意的是高等职业技术教育在我国有着更广泛的外延，囊括了高等职业技术学院、职业大学、五年制高职、符合职业性高等教育计划定向和培养目标的高等本科、专科学校和成人高校。

从类型上来说，高职教育与普通高等教育是不同的，它们同属于高等教育这个大类。普通高等教育主要传授科学知识，进行自然科学、人文科学和社会科学等基础科学的教学，高职教育主要传授技术知识，进行应用科学（技术科学）的教学，包括工学、农学、医学、药学、法学和商学等等。这个分类是符合哲学认识论的。哲学认识论把人类的实践活动分为认识世界和改造世界两大类，在实践基础上产生的人的知识也分为认识事物的知识和改造事物的知识。认识事物的知识，其对象是客观事物，它揭示事物之间的关系与

---

① 联合国教科文组织. 国际教育标准分类（英文本摘译）[J]. 机械职业教育，1997（10）：41-45.

规律，属于理论性知识；改造事物的知识，其对象是实践活动，属于技术知识。按照这两类知识的传授来划分教育的类型，显然是符合认识论的。再从培养目标来看，不同类型教育培养人才的目标是不同的。高职教育和普通高等教育分别担负着不同的人才培养任务。普通高等教育培养的是学术型人才，学术型人才主要从事发现和研究客观规律的工作，其任务是认识世界（事物）；高职教育培养的是应用型人才，应用型人才主要从事应用客观规律为社会谋求直接利益的工作，其任务是改造世界（事物）。从培养目标来划分和确定两者的区别，有利于突出其功能差异，使两者各有侧重地为人类服务。如果混淆了高职教育和普通高等教育的功能差异，导致对自身的性质、角色和作用认识失误，依此培养出的人才也就失去了效用价值，变成了人力成本的极大浪费，损失很大。

所以，遵循事物本身内在规律，从培养目标及相应的课程结构的角度、类型来认识、把握和研究高职教育，有利于准确认定其性质，最大程度地发挥其功能，与之相关的管理实践和课题研究才能准确无误。可以这样概括，高职教育是高等教育的一个类型，它和普通高等教育并存于高等教育体系中，包括专科、本科和硕士各个层次，是主要培养技术应用型人才的高等教育。它包括高职院校、职业大学、普通高等学校中的职业技术学院（二级学院）、五年制高职，以及符合职业性高等教育计划定向和培养目标的其他高等专科学校、成人高校等。它的课程设置和教学内容不是按学科要求安排，而是按职业岗位或岗位群的要求来确定，理论知识学习必须围绕培养岗位能力这个中心，学习期间必须完成规定的岗位实践训练。根据这个界定，高职教育的内涵包括：

第一，高职院校是与普通高等学校并列的高等院校，是我国国民教育类学校的重要组成部分。一般提法中把"基础教育""职业教育""高等教育"顺序连接的提法，是从教育的类型上区分的，并不意味着高职教育低于高等教育。

第二，高职院校的学生必须具备两个基础——科学文化理论基础和专业技术基础。即学生必须是高中毕业或相当于高中毕业的具有初步技术技能的学生。

第三，高职教育的培养目标是"高级技术应用型人才"。

第四，高职院校的课程内容定向于特定的职业，主要进行技术知识的教学。

第五，高职教育的本质是技术教育，是一种以职业为定向的教育计划，总体上属于高等教育，是高等教育的重要组成部分。

**（二）高职教育的角色定位**

1. 我国高职教育的办学目标和规格定位

通过上文的分析，我们可以知道高职教育是高等职业教育的重要组成部分。高职教育的主要目标是培养技术应用型人才。这是根据联合国教科文组织教育统计局编制的 1997 年 3 月版《国际教育标准分类》（ISCED）[①]所作的规定。在这个分类里，高等职业学校教育属于全部 7 个教育层次从 ISCED0～ISCED6 中的第 6 个层次。它属于 B 型，代号为"ISCED5B"。与同一层次的高等普通学校教育的本、专科层次教育（代号为"ISCED5A"）相比，高职侧重于实用性知识和相应技能的培养与训练；也就是说，它是培养高等"知识—技能型人才"即高等应用型人才的。按照《中华人民共和国职业教育法》[②]和《中华人民共和国高等教育法》的规定，高等职业教育是职业教育体系中的高等教育层次，是高等教育的重要组成部分。法律规定已经给出了我国高职教育的角色定位，之所以我们如此强调，主要是因为在现实的高职教育教学管理实际中，人们还是被普通高等院校的思维所局限，导致办学思想、办学理念、管理策略和教学常规大都沿袭普通高等院校，在实际上背离了高职教育的性质、规律和特点。因此，高职教学的管理，首先还是需要准确把握高职教育的办学定位、目标定位和规格定位。

通过分析我国现阶段的基本情况，我们可以发现高职教育有着非常明确的办学定位，即坚持服务社会的宗旨，以就业为导向。高等职业教育的办学模式是产学研相结合，高等职业教育的目标是服务于社会发展，尤其是区域经济发展。高等职业教育人才培养的总原则和总方向能够为高职教育教学的开展提供指导。培养高级"技术型"人才是高职人才培养的重要的目标。所谓的技术型人才指的是对社会产生直接作用的人才，也就是能够将设计、规划、决策等转化为产品和工程的人才。现阶段，我国的产业技术结构日趋完善，为高职人才培养规格的提升提供了便利条件。技术结构的变化关系着社会职业岗位的构成，同时也影响着相关职业岗位的内涵变化，这就使社会职业岗位的内涵与外延在

---

① 联合国教科文组织. 国际教育标准分类（英文本摘译）[J]. 机械职业教育，1997（10）：41-45.

② 中华人民共和国职业教育法第二章第十二条 [Z]. 中华人民共和国重要教育文献（1991—1997 年卷）[M]. 海口：海南出版社，1998.

不断地发展变化中，深刻影响了高职人才的规格。

现阶段，我国职业岗位发生了很大的变化，职业岗位的技术含量越来越高，这就对从业者提出了较高的要求，从业者一方面要掌握适应职业岗位的基本能力，另一方面还要具备创造职业岗位、发展职业岗位的能力。自从我国加入 WTO后，市场化的速度逐渐加快，随着技术的不断更新，产业结构加快了调整的步伐，在知识、能力和素质等方面都对生产一线的人员提出了更高的要求。基于此，职业技术人才培养的规格也应发生相应的改变，要满足社会发展的需求。只具备初等或中等职业技术教育基础已经难以满足区域经济发展的需要，也难以跟上现代化建设的步伐。培养高等职业技术人才是我国高职教育的规格定位，众所周知，高职院校是高等院校的重要组成部分，高职教育进行精准的定位，对于制定高职教育的发展战略有着重要的意义，在一定程度上也有助于推动教育教学管理的改革创新。

2. 我国高职教育角色定位的依据

作出上述这样的角色定位，主要是基于下面一些考虑。

第一，高职教育的角色定位有个内涵认定的理论渊源问题。

从哲学角度来分析，高职教育兼顾上层建筑和经济基础双重属性。从上层建筑的角度来分析，在办学理念和人才培养方面，高职教育旨在为国家和社会提供相应的服务，社会性比较明显。从这个角度来看，上层建筑的属性决定了高职教育的办学性质和办学目的。从经济基础的角度来分析，高职教育还具有比较强的职业性，这是因为高职教育为经济建设和社会生产提供相应的服务。从这个角度来看，经济基础的属性决定了高职教育的办学方式和人才培养模式。中国特色高等职业教育具有独特的优势，将职业教育的共性与个性统一起来。

具体分析，共性方面主要表现在中国特色高职教育遵循并符合职业教育的内在发展规律，与其他国家职业教育的发展存在着相同点，双方能够进行平等的对话和沟通，具有一定的普遍性意义。高职教育是终身教育的重要组成部分，高职教育致力于提升受教育者的生存能力、就业能力和创业能力。

个性方面主要表现在中国特色职业教育在遵循共性的基础上，更加注重探索符合自身特色的发展道路，形成了独具特色的发展模式，不断积累自身发展的经验。在充分分析中国国情的基础上，制定人才培养的目标和培养模式，使中国高职教育的发展具有独特的中国韵味。

综合来看，中国特色高职教育可以理解为中国的高等职业教育在遵循世界职业教育共同发展趋势的情况下，不断结合国内实际情况，既要使发展符合职业教育内在的发展规律，同时也要超越常规，进行创新发展，探索出符合中国实际、满足人民需求、可持续发展、彰显中国特色的高等职业教育道路。

第二，知识经济的发展迫使高职教育必须定位于较高层次。

知识经济就是说经济发展的基础是知识。在知识经济的大环境里，知识信息的重要性越来越凸显，知识信息是以高科技为基础的，在创造社会财富方面发挥着非常重要的作用。在知识经济的大环境下，知识这一资源的作用越来越显著，开发人力资本有助于促进经济的增长和发展。所谓的人力资本指的是凝聚在劳动者身上的知识技能及其所表现出来的能力，这种能力具有一定的经济价值，同时发挥着促进经济增长的重要作用。

相比于物力资本等其他资本，人力资本在促进社会发展方面的价值、价格、意义和作用越来越显著。人力资本的发展具有重要的理论基础，同时经济发展的实际也能反映人力资本的价值。人力技术进步的载体主要包括两方面内容，分别是人力资本和物力资本，其中，人力资本具有更强的能动性。技术创新与进步是知识经济时代经济发展的最重要的动力。在经济发展的过程中，人力资本发挥着非常重要的作用，能够全面提升生产过程中物的因素和人的因素的效率，这是因为人力资本既是技术进步的发动者，也是新技术的载体。

从根本上来说，经济增长与发展的决定性因素是人力资本。在这样的前提下，教育事业和培训事业作为人力资本投资的主要方式，还在低层次地重复地培养初级技术人才，当然就无法满足我国工业化和现代化建设的需要。在区域经济发展、现代化建设进一步提速的前提下，在高等教育大众化形势下，把高职教育定位于高等教育层次，目的在于使高职教育顺应社会历史发展趋势，在知识经济社会里实现人力资本投资效益和价值增值。这既有经济学理论意义，也是形势发展所迫。

第三，我国高职教育的角色定位基于高等教育大众化的推进。

现阶段，从实际发展状况来看，高等职业技术教育已经发展成为大众化高等教育的重要组成内容。高等教育大众化可以理解为一个地区、国家为所有适龄青年提供高等教育的普及程度。马丁·特罗认为，大众化教育阶段就是适龄人口中有 15%至 50%的人接受了高等教育。目前，高等教育大众化正是我国高等教育的发展目标。第三次全国教育工作会议重点强调了加大高中阶段教育和高等教育的发展力度，而高等职业教育正是高等教育发展的重点。这一举措有着非常重要的意义，有助于推动我国高等教育向大众化目标迈进。

高等教育的类型是非常丰富的，其中，普通高等教育和高等职业教育是高等教育中的重要组成部分。普通高等教育发展得越来越饱和，发展空间相对有限。高等职业技术教育更多地承担了高等教育大众化的任务，能够更加适应社会对人才在规格、性质、数量等方面的扩张需求。发达国家高等教育大众化的发展进程也是遵循着同样的路线，即建立独立于传统普通大学系统之外的第二种高等教育，这里的第二种高等教育是以高等职业技术教育为主的。高等职业教育的发展在很大程度上影响着高等教育大众化目标的实现。从这个层面上来看，在现代化建设格局中，高等职业技术教育占据着非常重要的位置。这就要求把握好高等职业技术教育的定位、属性，充分发挥其作用，只有这样才能真正推动高等职业技术教育的发展。

第四，国外高职教育的发展改革提供了借鉴。

在西方，高职教育发展呈现出新的发展态势，西方各国不断改革高职教育，进一步调整和完善高职教育发展的基本战略，有效积累了高职教育发展的经验。我国在发展高等职业教育的过程中，可以吸收和借鉴西方高职教育发展的成功经验。俄罗斯《俄罗斯联邦教育法》中赋予俄罗斯职业教育全新的概念、组织方式和管理制度[①]。在俄罗斯，排在职教系统工作第一位的是建立国家教育标准体系工作，当前已经建立了 30 多种主要职业的国家标准。1994 年，德国教育部与科学部加大力度发展职业教育，提出了发展职业教育的五项基本措施。此外，美国、日本、澳大利亚等国也积极发展高职教育，在发展过程中呈现出不同的特色，给我国的高职教育发展提供了有益的借鉴。20 世纪 90 年代，世界银行总结了世界职教实践的经验教训，并在此基础上提出了全新的职教发展战略：职教主要职能为"根据劳动力市场的实际需要组织培训，满足需要，适应于经济发展"；职教的主要办学模式，由原来的"学校为本的职业教育"变为"企业为本的职业培训"；职教与普教的关系由原来的"替代"变为"互补"，提出在扎实的普教基础上实施职业教育。西方发达国家高等职业教育的发展趋势是：强

---

① 何红梅，赵伟. 目前俄罗斯教育体系改革构想的基本立论 [J]. 教育与职业，1998（12）.

调职业能力职业素质的培养，重视实践教学以及高职院校与企业界形成质量契约关系，它们共同的基点是：如何使高等职业教育培养的人才满足企业界对职业人才的需求[①]。我国在制定高职教育发展战略构想时可以参考和借鉴其他国家发展的经验和案例。

从整体上来看，在发展高职教育的过程中，首先应对高职教育的战略角色地位做出准确的定位，深刻分析高职教育的发展性质，这样才能制定科学合理的发展战略，从而指导高职教育的实践发展及其发展过程中的具体操作。

### 3. 高职教育的基本属性

在国民教育体系中，高等职业教育是高等教育的重要组成部分，高等职业教育是高等教育的一种类型。从某种意义上来说，高等职业教育是和高等本科教育不同类型、不同层次的高等教育。通常情况下，高等职业教育是按职业来分类的，高等职业教育承担着培养生产建设管理与社会服务第一线实用性人才，即技术应用型或职业型人才，以使人才符合职业岗位实际业务活动范围的要求。高等职业教育更加注重对人才职业技能能力的培训，具有较高的职业针对性。高等职业教育就相当于一种就业教育，它是以社会人才市场的需求为导向的。《中华人民共和国职业分类大典》明确界定了职业和职业分类两个基本的概念，"职业是指从业人员为获取主要生活来源所从事的社会工作类别"[②]。从以上的概念中我们可以分析出职业的特征：一是目的性，具体来讲就是参加职业活动是为了获取现金或实物；二是社会性，具体来讲就是生活在特定的社会生活环境中的从业人员，从事与其他社会成员相互关联、相互服务的社会活动；三是稳定性，具体来讲就是职业是在一定的历史时期内形成的，生命周期是比较长的；四是规范性，具体来讲就是在国家法律和社会道德规范内从事职业活动；五是群体性，职业需要具有一定数量的从业人数。

职业的分类遵循着一定的原则，确切来讲是工作性质的同一性，在这一原则的基础上，对社会职业进行系统划分与归类。所谓的工作性质可以理解为一种职业区别于另一种职业的根本属性。从职业活动的对象、从业方式等方面能够看出一种职业的工作性质。《中华人民共和国职业分类大典》对我国职业进行

---

① 嵇小怡等. 西方高等职业教育理念和模式发展趋势 [J]. 职教论坛，2005（2）.

② 国家职业分类大典和职业资格工作委员会. 中华人民共和国职业分类大典 [M]. 北京：中国劳动社会保障出版社，1999.

了具体划分，总共包括 8 大类，66 个中大类，413 个小类，1 838 个细类。在国家职业分类的指导下，高职院校应将职业标准作为学校技能训练的标准，在培养目标、专业设置、培养计划等方面与劳动力市场的需求相契合。

通过分析职业、技术、高等教育等概念及其组合，高等职业教育的基本属性包括以下几方面。

（1）职业性

高等职业教育的本质属性就是职业性。高职教育具有明显的职业针对性。高职教育的职业性同时也体现了高职教育培养目标的基本内涵。职业性主要体现在以下几方面：第一，职业与专业是两个不同的概念，职业严格来讲是专业的综合、融合和复合。高职教育致力于培养专业化的人才，也就是能解决职业岗位综合的复杂的实际问题的人才。第二，职业的具体化，也就是岗位，高职教育必须为就业而服务。第三，体现知识技术的应用性、技术管理的综合性。高职教育不仅要培养学生掌握基本的岗位操作技能，还要帮助学生掌握一定的理论知识，提升学生的管理能力和创新能力，激发学生的发展潜能。从这个角度来讲，高职教育培养的人才与普通高校毕业生注重理论知识存在明显的区别。

高职教育的职业性特征有一定的理论依据作为支撑。从社会分工角度来分析，现代职业教育的规定性并不是孤立存在的，而是与现代社会、现代职业和现代人的内涵存在着紧密的联系，职业教育可以准确反映和适应现代职业对人的要求，职业教育也要为现代人的终身学习和可持续发展提供一定的保障。随着现代社会的发展，劳动分工越来越专业化，职业的形成与发展深刻影响了现代人的发展，现代人通过职业与社会和他人建立密切关系。现阶段，人逐渐社会化的重要途径就是参与某种职业，职业性在一定程度上也是现代人规定性的反映。高职教育在这方面发挥着重要的作用，致力于培养人的规定性，也就是培养满足社会和经济发展需求的现代高级职业人。

从市场分割角度来分析，市场需求是高职教育发展的根本动力，这就要求高职教育必须具备职业性特征。在劳动市场分割理论中存在着这样的观点：劳动力市场主要分为三种，分别是普通劳动力市场、职业劳动力市场和内部劳动力市场。普通劳动力市场又被称为二级劳动力市场，职业劳动力市场和内部劳动力市场统称为一级劳动力市场。二级劳动力市场的准入条件是比较低的，对知识技术没有特殊的要求。一级劳动力市场的准入条件比较高，要求不同产业以及不同职业的劳动力具备产业需要的专门技术。另外，进入一级劳动力市场还要在经过认可的训练和实践中获得的相关知识和技术。这也意味着市场的准入条件越高，工人获得的待遇也就越好。具体来讲，一级劳动力市场的工人工资高于二级劳动力市场的工人工资，并且一级劳动力市场的工作条件是比较好的，而二级劳动力市场工作条件相对较差。从稳定性角度来分析，一级劳动力市场的就业比较稳定，存在较多的升迁机会；二级劳动力市场的就业不稳定。通过以上分析，可以确定高等职业教育发展和改革的根本动力就是适应劳动力市场的需求。

科学技术发展水平日益提升，导致社会分工越来越细化，不断涌现新的职业，旧的职业逐渐被社会所淘汰。从事职业的劳动者比例时刻在发生着变化，使职业结构发生了一定的改变。职业结构变化呈现的总体趋势是：从事体力性、非职业性职业的劳动者所占比例越来越少，从事脑力性、技术性职业的劳动者所占的比例越来越高。职业结构的变化也影响着劳动者素质的变化，要求劳动者具备深厚的知识基础和更高水平的技能，劳动者在上岗之前往往需要接受相应的职业技术培训。传统的职业教育是比较落后的，工具主义色彩比较浓厚，过度注重职业教育的社会筛选和分配功能，没有关注到育人的本质功能。杜威曾指出："就是有一种危险，把职业教育在理论和实践方面解释为工艺教育，作为获得将来专门职业的技术效率的手段。"[1]而当代职业教育新理念也开始反省，指出："现代的观念理所当然地认为，职业教育项目不能准确地对应某个特定工作进行设计。劳动力市场动态的和变化着的需求对思维能力越来越多地替代体力技能提出了要求，因此，职业教育计划应该人文化和宽基础化，以提高适应性，拓宽就业机会，提高教育和职业的能动性。"[2]

发展职业教育要引导受教育者掌握专门化的知识和技能，保证受教育者在所学领域居于领先位置，这样才能应对职业未来的变化。受教育者不仅要掌握专业技能还要注重道德情操的教育。笔者认为，现代职业教育必须遵循"育人"而非"制器"的原则，使学科教育与职业教育相通相融，共同建构具有一定人文精神和学术修养的专门化职业人才。

---

① 约翰·杜威. 民主主义与教育 [M]. 王承绪，译. 北京：人民教育出版社，1990.

② 曼萨，W·阿马斯瑞. 21 世纪变化着的需求：技术职业教育面临的挑战 [A]. 刘来泉，译. 世界技术与职业教育纵览——来自联合国教科文组织的报告 [C]. 北京：高等教育出版社，2001：334-335.

由此可知，高职教育的职业性就是培养符合社会和经济发展需要的高级职业人才；高职教育建设和发展的根本动力就是适应劳动力市场的需求。高职教育的职业性体现了它的质的规定性。

（2）大众性

大众性是高职教育的一个重要特性，在高等教育大众化的情形下，更具有实际性意义。而且高职教育大众性特征的提法，是一个比较通俗的说法，也有叫人民性的，也有叫群众性的。我们认为，大众性当然具有人民性的全部性质，而且更体现出教育的本质属性，还更具有亲和力。高等教育大众化的一个显著特点，是进入大众化阶段以后，高等教育的外延拓展，内涵也发生了深刻的变化，特别是人才培养目标，要求不一，跨度更大。高职教育顺应社会需求，培养急需的专门技术型人才，这就体现出它的第二个特性：大众性。

高职教育的大众性，是其办学方向所规定的。职业是谋生的手段，就业是民生之本。关注社会弱势群体的就业、谋生问题，为他们的生存现状、发展命运而忧，为广大的人民群众谋取职业，这是职业教育大众性的根本体现。高职教育的大众性解决了"为什么人服务"这个根本问题。同时，高职教育的大众性，还为其办学目的所决定。也就是要以就业为导向、以创业为动力，解决"怎么服务的问题"。满足广大人民群众就业和终身学习需要，是发展中国特色高职教育的根本目的。目前，我国正全力实施职业教育的"四大工程"，即国家技能型人才培养培训工程、农村劳动力转移培训工程、农村实用人才培训工程、成人继续教育和再就业培训工程，就是对满足人民群众终身学习需要的全面关注。《国务院关于大力发展职业教育的决定》中明确规定："职业教育要为我国走新型工业化道路，调整经济结构和转变增长方式服务。实施国家技能型人才培养培训工程，加快生产、服务一线急需的技能型人才的培养，特别是现代制造业、现代服务业紧缺的高素质高技能专门人才的培养。""建立职业教育贫困家庭学生助学制度。中央和地方财政要安排经费，资助接受中等职业教育的农村贫困家庭和城镇低收入家庭子女。"①这就为高职教育的服务的方向、服务的性质作出了规定。

---

① 国务院关于大力发展职业教育的决定［Z］. http:www.cinhuanet.com，2005-11-09.

（3）社会性

大力发展高职教育是当前我国经济社会发展的一个重要战略选择。国务院关于大力发展职业教育的决定指出：大力发展职业教育，加快人力资源开发，是落实科教兴国战略和人才强国战略，推进我国走新型工业化道路、解决"三农"问题、促进就业再就业的重大举措；是全面提高国民素质，把我国巨大人口压力转化为人力资源优势，提升我国综合国力、构建和谐社会的重要途径；是贯彻党的教育方针，遵循教育规律，实现教育事业全面协调可持续发展的必然要求。在新形势下，各级人民政府要以邓小平理论和"三个代表"重要思想为指导，落实科学发展观，把加快职业教育，特别是加快中等职业教育发展与繁荣经济、促进就业、消除贫困、维护稳定、建设先进文化紧密结合起来，增强紧迫感和使命感，采取强有力措施，大力推动职业教育快速健康发展①。从这段话我们可以看出，发展高职教育不仅是一个重要的战略问题，也是一个涉及社会和谐与人民生活小康的政治问题、社会问题，因此，职业教育有着鲜明教育的社会性。高职教育的社会性主要体现在社会发展需要高职教育、高职教育要适应和服务于社会发展、改革和发展高职教育要依靠社会力量这三个方面。

我国自改革开放以来，经济建设取得了令世人瞩目的成绩，现在正处于一个关键的转折点上，过去那种粗放型、高能耗、污染严重的经济增长方式已经发展到极致，很难再支撑未来的经济发展，必须改变经济增长方式，调整经济结构，走新型工业化道路。新型工业化需要新型劳动者和大量中高级技能人才，职业教育责无旁贷。这也由高职教育的角色地位所确证。

从整体上看，社会劳动力的转移是就业领域中必须解决的重要问题。现阶段，我国的就业问题主要包括新增劳动力就业、下岗和离岗人员再就业、转岗就业、农村劳动力转移就业等。城镇每年需要就业的劳动力就是非常多的，再加上还有大批农村富余劳动力转移出来，给社会就业带来了非常大的压力。要想就业就必须接受相应的教育和职业技能培训，为了满足社会的就业需求就必须发展职业教育。

---

① 国务院关于大力发展职业教育的决定［Z］. http:www.cinhuanet.com，2005-11-09.

从社会稳定的角度来分析，发展职业教育非常必要。我国大部分地区还只是基本普及九年制义务教育，尤其在农村地区，辍学现象比较严重，初中毕业生升入高中的比例低，一大批青少年过早流向社会，就业很难，他们极易养成不良习惯和行为，成为社会不稳定的潜在因素。

再从教育事业发展本身来说，我国人口众多，各类在校学生数以亿计，基础教育、高等教育、职业教育必须协调发展，不断完善教育体系。所以，大力发展高职教育，加快人力资源开发，是我国落实科教兴国战略和人才强国战略、推进新型工业化、解决"三农"问题、促进再就业的重大举措；是全面提高国民素质，把巨大人口压力转化为人力资源优势，提升综合国力的重要途径；是遵循教育规律，实现教育事业全面、协调、可持续发展的必然要求。

（4）服务性

高职教育的服务性，也是由其角色地位决定的。高职教育必须服务于广大学生和社会发展的要求。通过对学生的服务，进一步服务于社会发展，为经济结构调整和技术进步服务，为促进就业和再就业服务，为社会、为企业、为农业、为农村和农民服务，为建设社会主义新农村和实现工业化服务。服务于广大学生，就是市场需要什么人才，学生需要什么技术，就开办什么专业、开设什么课程、强化什么技能，以及提供什么样的管理服务。

高职教育的服务性，是与高职教育的产品观有深刻联系的。为更好地理解高职教育服务性，有必要简单讨论高职教育的产品观问题。一般认为，高职教育的产品是学生。笔者认为这种观点是失之偏颇的。它实质上忽略了教学管理过程中的学生主体地位。学生产品观认为，高职院校是教育工厂，学生是产品，教师是加工、营销人员。这种学生产品观是有缺陷的。因为教育的本质功能是教育人、培养人，促进人的发展。学生产品观以满足高职教育产品（学生）的社会需要作为教育教学的出发点，忽视了教育教学的本质功能。从经济学的角度分析，人才并不为高职院校或其他高等学校所有，人才即高素质的劳动力，其所有权属于人才自身而非学校，学校并不能像工厂、企业拥有自己的产品一样拥有学生，学校与用人单位之间也不存在真正的交换关系。人才在市场上，供求双方是学生与用人单位而非学校与用人单位，学校任何时候都无权将学生作为自己的产品进行变卖或奉送。同时，在校学生也不可能作为学校的"半成品"而抵押"贴现"。

如果把高职教育的产品理解为学生，那么我们就无法解释学生交费受教育这样的经济事实。学生交费的目的是购买教育服务。因此，"高职院校的产品是学生"的观点是不能成立的。笔者认为，高职教育的产品是教育服务。理由是：在高职教育的成本支出中，学生或家庭自费部分已经占有相当的比例，高职教育产品的购买主体已经由国家转变为学生或其家庭，高职教育的费用小部分属于消费性支出，大部分属于投资性质的支出。从消费性支出来说，学生作为消费者自然有权利要求高职院校为自己的消费效用的最大化提供合乎标准的高职教育产品；从投资性支出来说，学生同样有权利要求学校为其投资行为或人力资本的积累活动提供必要的条件和保障。对于高职院校来说，学生是购买其服务产品的直接顾客，是教育服务消费的主体，他们有权选择学校、专业、课程及任课教师等等。这在多年的高职教学实际中，已经成为不争的事实。高职教学的学分制、弹性学制的试行，也在一定程度上体现了高职教育的服务性。所以，高职教育的产品是向学生提供的高职教育服务，并且通过学生的理解消化而被接受和使用，以满足学生本人及其家庭的需要，进而满足社会和国家的需要。

## 二、高职教育教学的根本任务

高等职业教育及其教学管理的根本任务是由其性质决定的。根据其职业性、社会性、大众性和服务性等特点，高职教育教学的根本任务是：通过人才培养战略的实施、教学管理的创新优化，培养多层次、多样化的高等级技能型人才，造就数以千万计的高技能人才和数以亿计的高素质劳动者，为广大学生、学生家长服务，最终为我国社会经济发展服务，为现代化建设和人民生活水平的提高服务。

国家和政府的政策调控和市场指导，为确认高职教育根本任务提供了强大的背景支持。党的十六大提出，要培养三个层次的人才，即：培养数以亿计的高素质劳动者、数以千万计的专门人才和一大批拔尖人才。这些人才的培养，靠的是本科院校和高职院校。通过人才培养来实现服务社会，服务国民经济发展，正是高职教育的本质使然。职业教育包括高职教育的根本任务：就是培养适应现代化建设需要的高技能专门人才和高素质劳动者。

从市场学来看，个体与劳动力市场的主要关系体现在就业与转业两个方面。

因此，高职教育面临着三重任务：一要为个体进入工作岗位作一般性准备；二要为个体从事某种职业作准备；三要为个体在工作中所处的特殊地位和角色作准备。两个方面的三重任务，对高职教育任务作了很好的注解。国外的研究和实践，也有很好的证明。美国曾在 20 世纪 80 年代末成立专门委员会，进行长期调查与广泛分析，最终提出在当今的技术时代，无论从事何种职业，都应具备五种基本能力和三种基本素质。五种能力为：合理利用与支配各类资源的能力；处理人际关系的能力；获取并利用信息的能力；综合与系统分析的能力；运用各种技术的能力。三种素质为：基本技能、思维能力、个人品质。因此，高职教育要体现职业性，就应该紧紧围绕"三重任务""五种基本能力"和"三种基本素质"的要求，整合教育资源，改革教学方法，加强教学管理，提高教学质量，为学生就业和走向劳动力市场打下坚实的基础。

为了体现职业性、突出社会性、彰显大众性，在高职教育实际工作中，应着重抓好以下几方面的工作：

一是以就业为导向。明确办学目标定位，端正办学指导思想，一切为了社会发展，一切为了学生就业，一切为了学生适应劳动力市场的需求。教育理念的更新，能够更好地指导和推动实践，进而实现高职教育的办学目标。

二是调整课程结构。大力开设面向新兴产业和现代服务业的课程，推进精品课程和教材建设，削减不必要的理论课程，强化实验、操作和实践课程，把培养学生的实践操作技能放在最重要的位置。

三是开足开好实验课、实践课。严格按照教学计划的安排，把学生验证知识能力、动手操作能力的"硬指标"作为职业教育的内涵要求，根据职业岗位的需要，强化职业能力训练。实验课、实践课的时空容量都与普通高等教育有着明显的不同。

四是强化校企合作，建立双向互动关系，让企业技师进学校，给学生传经；让学生走向企业和实体，在跟学、拜师、参与等实习、实践中学到先进实用技术，在实践中理解职业和技术，在学习中理解人和社会。这也与普通高等院校在办学模式和育人方式上有所区别。

五是加强教学管理，提高教学质量，通过计划调整、常规教学、教材建设、师资建设等项目的改革和现代化管理，培养出真才实学的高等职业技术人才，以满足社会发展和现代化建设需要。

# 第二节 现代教育理念综述

## 一、现代教育理念的概念和思想内涵

从广义上讲，教育理念是关于教育的一般原理和规律的理想的观念。当代教育家在总结前人教育思想的基础上，以社会未来人才需求为前提，形成了对教育未来发展的认识理念。他们指出，所谓教育理念，是指关于教育未来发展的理想的观念，它是未来教育发展的一种理想的、永恒的、精神性的和终极的范型。现代教育理念为我们提出了教育的理想模式，它作为社会文化的典型代表，保持着对社会政治、经济、文化发展的前瞻性。

经过长期对教育实践和教育理论的深入研究，人们为现代教育理念赋予了比较深刻的思想内涵。一方面，在理论层面上，现代教育理念改变了传统教育侧重应试教育的特征，突破了经验导向的束缚，内容上更加系统，更具有针对性，被赋予了创新精神、冒险精神、开拓精神和批判精神等思想内涵，显示出了客观、可信的科学特征；另一方面，在操作层面上，现代教育理念在指导教育实践过程中更加成熟，呈现出包容性、可行性、持续性的特点，势必对高职院校教学起到很好的导向作用。现代教育理念归纳起来包括以下十个方面。

### （一）以人为本的理念

当前阶段，社会已经由重视科学技术为主过渡到重视以人为本的时代。教育肩负着重要的使命，致力于为社会培养和造就合格人才，进一步推动社会发展和完善，因此要求教育要全面体现以人为本的时代精神。在教育教学的全过程、全方位融入以人为本的理念，重视人、理解人、尊重人、爱护人、提升和发展人，注重人的现实需求和未来发展。深入挖掘人自身的禀赋和潜能，为人自身价值及其实现提供便利条件。另外还要注重培养人的自尊、自爱、自信、自强、自立的意识，提升人们的精神文化品位，改善人们的生活质量，帮助人们掌握生存和发展的技能，从而促进人自身的全面发展。从这个角度来讲，现代教育发挥着十分重要的作用，有助于增强民族凝聚力，有助于进一步提升综合国力。

## （二）全面发展的理念

现代教育的宗旨是促进人的自由全面发展。从这个角度来讲，现代教育更关注人发展的完整性和全面性。从宏观角度来分析，现代教育可以说是一种国民性教育，现代教育的对象是全体公民，现代教育注重民族的全面发展。现代教育的根本目标就是提高和发展全民族的思想道德素质以及科学文化素质，激发民族的知识创新和技术创新思维，增强民族凝聚力，进一步提升国家的综合国力。从微观角度来分析，现代教育的主要职责是培养全面发展的人才，促进每一个学生德、智、体、美、劳等方面的全面发展。这就要求人们转变教育观念，将精英教育转向大众教育，将专业性教育转向通识性教育，制定整体育人的教育方略，促进德、智、体、美、劳五育并举。

## （三）素质教育的理念

传统的教育思想重视知识的传授与吸纳，现代教育思想更加注重教育过程中知识向能力的转化工作，引导人们将知识内化为自身的素质。在人才整体结构中，知识能力与素质存在着相互作用、辩证统一的关系。传统教育存在着明显的弊端，比如过度重视知识传递、轻视培养学生的实践能力，过度重视考试分数、轻视培养学生的综合素质。现代教育更加注重培养学生的实践能力，促进学生全面发展，提升学生的综合素质。现代教育认为能力与素质是比知识更重要、更持久的要素。基于此，现代教育教学的主要工作是培养学生的综合素质，树立的基本的教育目标就是引导学生学会学习和强化素质，开发学生的潜能，提升学生的知识能力，促进学生的全面发展。

## （四）创造性理念

改革知识性教育，将之转变为创造力教育，这是传统教育向现代教育转型的重要表现。在知识经济背景下，人的创造性作用越来越突出，人的创造力潜能的价值越来越明显。现代教育的教学过程与传统教育有着显著的区别，更加注重创造性的过程是现代教育教学的典型特征，其重要目标是激发学生的创造力，通过启发学生、引导学生、开发和训练学生，培养学生的创造性思维。现代教育对教师提出了更高的要求，要求教师积极采取创造性的教育教学手段，通过优美的教育教学艺术来营造教育氛围，不断激发人的创造性，通过多种方式培养人的创造性，进而塑造创造性人才。现代教育有着自身独特的主张，认为完整的创造力教育是由两部分内容构成的，分别是创新教育和创业教育，其中，创新教育的主要目标是培育学生的创新精神，培养学生的创新能力，塑造学生的创新人格；创业教育的主要目标是培育学生的创业精神，培养学生的创业能力，塑造学生的创业人格，创新教育与创业教育相互结合、相互影响，共同形成的生态链就是创造力教育。由此看来，现代教育的基本目标已经比较明确，那就是促进创新教育和创业教育的发展，并加大力度促进二者的融合，致力于培养创新、创业型复合型人才。

### （五）主体性理念

现代教育尊重和肯定人的主体价值，注重发挥人的主体性，从这个角度来说，现代教育可以说是一种主体性教育。现代教育改革了外在的、客体实施的教育，将之转换成了受教育者主体自身的能动活动，积极发挥教育主体的能动性。现代教育坚持主体性理念，将尊重每一位受教育者的主体地位看成是主体性理念的核心，以"学"为中心来开展"教"，这带来了一定的积极影响，有助于激发学生内在的潜力，调动学生学习的动力，改变学生学习的状态，由被动的接受性客体转为积极的、主动的主体，让学生成为学习的中心，使教育过程体现更多的主体性理念，学生在课堂上能够自主自觉地开展学习活动。主体性理念对教师有着一定的要求，要求教师转变教学观念，摒弃传统的以教师、教材、课堂为中心的理念，建构新的教育教学模式，坚持以学生为中心、以活动为中心，引导学生积极参与实践活动、积极开展探究性学习等，调动学生学习的动力，激发学生学习的兴趣，培养学生良好的学习习惯，进一步提升学生学习的能力，最大程度地发挥学生的主动性。

### （六）个性化理念

在知识经济背景下，创新的重要性越来越突出，要想培养创新精神和创新能力，促进个性发展是必不可少的。个性化人才是知识经济时代的必要人才支撑，这就要求现代教育必须坚持个性化教育理念，尊重学生的个性发展，正确看待学生之间的个性差异，鼓励学生充分发挥自身个性。个性化教育理念尊重每一位学生不同的发展，针对学生的个性特点采用合适的教育方法，选择科学的评估标准，为学生的个性发展提供便利条件。

个性化教育理念在教育教学的各个要素和环节之中渗透培养完善个性的理念，有助于学生身心素质的发展，为学生人格素质的培养提供便利条件。个性化教育理念的实施需要注意以下几点：一是打造个性化教育环境，营造个性化教育氛围，构建个性化教育大平台；二是将平等观点、宽容精神融入教育观念中，加强师生之间的交流与互动，尊重学生之间的个性差异，促进学生的个性发展，可以为学生提供展示个性的机会，为学生个性的发展创造条件；三是充分分析不同教育的特点，在此基础上采取不同的教育措施，以此来推进个性化教育的发展，在教育方法方面坚持因材施教，改革传统的共性化教育模式，将个性化教育模式引入课堂，这样才能真正促进学生的个性发展。

### （七）开放性理念

随着科学技术的迅猛发展，网络化水平越来越高，时代的发展呈现一种开放的趋势，经济全球化使世界各地的联系越来越紧密。封闭式教育格局已经不再适应时代发展的要求，全方位开放式的新型教育正在逐步发展起来。开放式的新型教育要求教育观念是开放的，教育方式是开放的，教育过程是开放的，教育目标是开放的，教育内容是开放的，教育资源是开放的，教育评价是开放的。教育观念的开放性可以理解为立足本土教育，在此基础上广泛吸收世界优秀的教育思想，参考和借鉴优秀的教育理论和教育方法；教育方式的开放性可以理解为教育要突出国际化、产业化、社会化的特点；教育过程的开放性可以理解为教育要不断扩大外延，将学历教育拓宽至终身教育，将课堂教育与实践教育相结合，积极开展信息网络化教育，将学校教育与社区教育、社会教育结合起来；教育目标的开放性可以理解为教育要培养人的创造性精神，注重人们内心世界的开发，培养人们自我发展的能力；教育资源的开放性可以理解为教育要积极开发和利用各种各样的资源，包括传统的、现代的、物质的、精神的等；教育内容的开放性可以理解为教育要面向世界、面向未来、面向现代化，在设置教育教学的课程内容时，坚持开放、生动、规范的原则；教育评价的开放性可以理解为改变传统的教育评价模式，也就是摒弃单一文本考试，引入多元、富有弹性的教育评价机制。

### （八）多样化理念

在现代社会，人们的生活复杂多变，社会结构高度分化，人们的价值取向越来越多元，可以说现代社会是一个多样化的时代，因此，教育也呈现出多样化发展的特点。教育的多样化发展主要表现在以下几方面：一是教育需求多样化，经济社会的发展要求多样化的人才规格和人才标准；二是教育办学主体的多样化，教育目标多样化，管理体制多样化；三是教育形式和教育手段多种多样，教育和人才质量的衡量标准多样化。这对教育教学的设计和管理提出了更高的要求。为了落实多样化理念，不同层次、不同类型的教育机构和管理部门进行柔性设计与管理，注重开展教育教学实践，引入弹性教学和弹性管理模式。

### （九）生态和谐理念

要想促进人才的健康成长，宽松和谐的社会生态环境是必不可少的。在现代教育中存在着这样的观点：教育活动是一个有机的生态整体，这个整体不仅包括教育活动的内部要素，还包括教育活动与外部环境的互动。其中教育活动的内部要素囊括了教师、学生、课堂、实践、教育内容，这些要素相互联系，构成了一个和谐统一的整体。外部环境包括育人环境设施和文化氛围，教育活动与外部环境相互影响、协同互动，统一的教育生态链整体发挥着十分重要的作用，能够提供人才健康成长的养分，充分发挥和谐共振的作用，为培养人才提供便利条件。"和谐教育"是现代教育的重要思想，现代教育应创设"生态性"教育环境，使其具备整体、有机的特点，为人才成长提供适宜的环境，进一步促进人才的健康发展。

### （十）系统性理念

知识经济越来越普及，使学习化社会氛围越来越浓厚，教育朝着终身教育的方向不断迈进。教育的重要性有了明显的提升，教育不仅是学校的事情，它还关系着个人的成长，关系着社会的进步与发展，关系着整体国民素质的提升，对精神文明建设产生着重要的影响，教育发展成为由诸多要素组成的复杂的社会系统工程，教育关系着多个行业和部门，这就要求社会普遍参与。教育的发展正处于关键的转型时期，形成的教育体系与传统的教育有着明显的区别，当前的教育体系是一种社会大教育体系，在系统工程的理念指导下，需要对大教育体系进行统一的规划和设计，实现一体化运作，进一步提升人们的学习能力，提升人们的生存和发展的能力，确保社会系统内部各环节和各部门的协调运作，将重点放在健全教育社会化网络上，保障大教育系统工程的平稳运行，促进大教育系统工程的健康发展。

## 二、现代教育理念下的教学观、教师观和学生观

### （一）现代教育理念下的教学观

教学观对教师的教学实践活动起着重要的指导作用，影响着教师在教学活动中的态度和使用的方法。现代教学观最显著的特点就是教师的教转变为学生的学。在看待学生方面，现代教学观主张教师学会使用发展的眼光，激发学生学习的兴趣，最大程度地调动学生学习的积极性，引导学生掌握学习的方法，进一步增强学生自主学习的能力，同时还要注重培养学生的创新思维，提升学生的创新能力，这样才能更好地适应社会的发展。

现代教育理念的提出有着重要的意义，成为高职院校教学观的理论基础。高等教育将现代教育理念的核心思想当成理论的基石。我国的现代教育理念越来越清晰，有了更加丰富的思想内涵，现代教育理念坚持以人为本的思想，尊重知识、尊重人才，致力于构建和谐开放的教育环境。以此为基础，高职院校教学观更加清晰地界定了教育者和受教育者双方的权利和义务，教师尊重学习者的意愿和价值观，为受教育者提供良好的服务，学生具有选择知识、获取知识、选择教师的权利。

现代教育观念为教学改革提供了理论指导，现代教学观念的基本主张包括以下几个方面。

1. 学科教学的最终目标是促进学生的全面发展

教育的基本活动形式就是学科教学，学科教学的目标应与教育的培养目标在大方向上一致，能够在一定程度上体现教育功能的前瞻性，有助于促进学生的全面发展。总而言之，学科教学的最终目标不仅要让学生具备一定的理论知识，还要注重激发学生的智力，增强学生的体力，引导学生形成正确的价值观，培养学生的个性品质，促进他们健康发展。总的来说，学科教学要为学生的全

面发展服务。从教学的价值、作用和任务角度来分析，我们认为教学的最终目标是全面育人，另外，深化教学改革也是为了全面育人。

2. 从"以教育者为中心"转变为"以学习者为中心"

（1）在教学中调动学生的积极性

在教学活动中，最基本的要素就是教师和学生。教师和学生在教学活动中处于同等重要的位置，缺一不可，缺少哪一方都构不成有效的教学活动。教与学相互影响，二者相互独立又存在着紧密的联系，二者以对方的存在为依据。在教学中要注重调动学生的积极性，激发学生学习的兴趣，提升学生自主学习的能力。

（2）教师与学生在教学过程中的地位

教学活动的主体是教师和学生，具体来讲，教师是教的主体，引导和指导学生学习就是教师主体作用的表现，也就是帮助学生学会学习，激发学生的学习兴趣，提升学生实际运用知识的能力。学生是学的主体，学生是学习的主人，这是学生主体作用的主要表现，也就是在教学过程中，学生承担着学习的任务，发挥着认识主体的作用。

（3）教学过程是师生的互动过程

传统的教学是单向互动方式，现代教学更加注重多边互动，鼓励师生之间、学生之间进行多边互动。教学的多边活动论可以说是教学的重要变革，从某种意义上来说反映了教学过程的本质。在传统教学中，更多谈论教师如何教，没有重视学生怎样学，由此导致教师和学生之间是一种单向交流模式，这种单向交流模式不能准确、客观地反映教学活动。现代教学中的多向交流有着明显的优势，能够最大程度地发挥相互作用的潜能，通过教师和学生之间、学生和学生之间的多边互动，建立一个立体网络，主要用于信息的交流，使学生能够积极主动地参与教学，尽可能地调动学生的积极性。

教与学相互作用、相互影响，教学过程就是教师和学生、学生和学生的多向互动的过程。在这个过程中，学生能够积极主动地参与，充分发挥自身的创造性。师生在教学过程中的互动带来了非常积极的影响，有助于开发和利用教学系统中的人力资源，在一定程度上减轻师生的负担，提升教学效果。

（4）学生是具有主观能动性的人

在教学活动中，学生作为教学主体，应该充分发挥主动性作用，积极参与教学活动。教师在教学活动中发挥着重要的引导作用，带领学生主动学习，将学生作为具有主观能动性和具备创造性思维的人来看待，帮助学生认识到自己是学习活动的承担者，在学习活动中应发挥自身的主观能动性。另外，教师还要尊重学生之间的差异，根据学生的个性发展有针对性地制定教学策略，进一步促进学生个性的发展与完善，为学生主观能动性的发挥创造便利条件，进而促进学生的全面发展。

（5）创建全新的教学方法

教学在培养人的过程中是有目的、有计划的，现代教学也是如此。不仅要向学生传授相应的知识，还要注重发展学生的智力，激发学生内在的创造潜能，促进学生的全面发展，因此，创建全新的教学方法体系是非常重要的，有助于充分发挥教学的多种功能，提升学生的素质。转变教学观念是建立全新的教学方法体系的重要一环。

（6）从强调学习的结果转向强调学习的过程

现代社会是一个信息高度发达的社会，现代信息社会对人才的需求也发生了一定的转变，从注重知识型人才转向注重能力型人才。为了更好地适应社会需求的变化，教学也应随之发生相应的改变，核心是如何看待知识。现代教学观更加注重学习的过程，而不是学习的结果。现代教学的重要目标就是使学生掌握一定的思维方法，这是因为学习的最终目的是应用知识，而应用更多是在新的情况和条件下去寻求未知的东西，这也就是我们通常所说的思维能力。由于人们一直以来都注重学习的结果，在解答问题时，只追求做出一个正确的标准答案，使学生过于注重记忆和背诵，忽视了思维的培养。

（7）从单纯教师的教转向师生的共同活动

传统教学所具有的比较明显的特征，就是以教师传授为主，学生被动地接受知识，教师的权威作用比较突出，没有注重发挥学生的主观能动性，教师与学生之间交流与合作也不频繁，教师中心论思想比较明显。传统教学方法比较简单，教师的讲授成为重要的教学方式，几乎占了全部的课堂教学时间。在教学过程中，信息是单向传播的，学生只能被动地接受。陶行知提出的"教学合一"的教学模式主张师生共同活动，将教师和学生放在同等重要的位置，使教学过程成为师生合作的过程。

3. 从"教学生学"转变为"教学生自己学"

在传统教学中，一般采用灌输的教学模式，即教师讲授，学生被动接受，学生没有发挥主观能动性的机会。随着经济的发展，科学技术的日新月异，生产力逐步提升，社会有了较大的进步，人们的智能急剧增长。学生的创造性学习有助于帮助学生在理解书本知识的基础上，得到能力和思维品质的提升。另外，学生的创造性学习还能帮助学生将理论与实践结合起来，在实践中解决各类复杂问题。这就要求教师在教学中不仅要引导学生掌握知识，还要培养学生自主学习的能力。

### （二）现代教育理念下的教师观

教师观通俗来讲就是教师的教育观念，是教师对教师职业的特点、责任以及教师角色的认识。教师观会影响教师的直觉和判断，对教学行为产生一定的影响。教师拥有的教育理念不同，产生的教师观也是有差异的。在现代教育理念指导下，通过深入研究现代教师观，教师能够清楚地了解教师的职责和特点，了解现代社会对教师有着怎样的期望，提升教师的现代意识，引导教师树立正确的现代教师观，明确教师的角色定位，这样才能更好地履行教师的职责，也才能顺应时代的发展。

在教育教学过程中，教师对相关教育现象的认识，尤其是对自己的教学能力以及对所教学生的主体性的认识就是教师的教育观念。前面已经论述了教师的教育观念是十分重要的，对教师的直觉和判断会产生影响，也会对教师的教学行为产生影响。在传统的关于教师的研究中，更多的是研究教师的行为对学生的行为造成了哪些影响，又对学生的学业带来哪些影响。下面将从现代教师的使命、现代教师的劳动特点以及现代教师应具有的素质等方面展开具体分析，论述现代教育理念下的教师观，为教师开展教育教学提供一定的指导，提升教学效果，为我国教师观念的研究提供新的思路。

1. 现代教师的使命

（1）努力学习，提高自身素质

俗话说"要想给人一碗水，自己要有一桶水"，要想培养适应时代发展的学生，教师自己首先要能掌握时代发展的趋势，深入挖掘时代发展的需求，并采取积极的行动，努力学习，了解时代对教师的要求，提升自身素质。当前阶段，我国很多教师不善于与学生沟通与交流，也不善于为学生提供引导和帮助，只注重课内讲授、不注重开展实践活动，只注重投入、不注重产出，只重视向学生灌输知识、不注重培养的学生的个性品质。基于此，教师必须及时更新教育观念，提高自身素质。

（2）担起"重塑中国人"的重担，切实提高全民族素质

21世纪，中国教育的号召就是"重塑中国人"，努力学习，扬长避短，在学习中超越，在学习中创新。重塑可以理解为摒弃传统的陈规陋习，具备与时俱进的眼光，用未来的需求来要求人和培养人，以便顺应时代发展的潮流，以促进发展为目的来重新设计教育目标、教育制度、教育内容和教育方法，落实素质教育，切实提高全民族的素质。这就要求教师更新自身的教育理念，在重塑自己的同时也要重塑学生。

（3）勇于创新，并形成自己的教育特色和教学风格

广大教师的教育创新有着十分重要的意义，不仅能够提升学生的素质，还有助于促进教育理论的繁荣。假设全国的教师在教育教学的过程中都使用同一种教材、选择一样的教学方法，那么教育理论的繁荣就无法实现，也无法促进个性多样、水平不一的学生的充分发展，更谈不上提升全民族的素质了，在僵化的教条与程式化的模式中，教育的特色会被扼杀，教育的风格会被同化。基于此，教师需要解放思想，大胆创新，积极开展教育教学实践活动，坚决贯彻党的教育方针，注重提升学生的综合素质，进一步促进学生全面、和谐发展，巩固教育成果，提高教育质量。教师需要有自己的主见，不能迷信任何权威和模式，大胆地创新，大胆地尝试。教师只有通过自己的创造性劳动才能探索出最合适的教学方法，在不断创新过程中找到适合每个班级、每个教师、每个学生的最优教学方法，在创新的过程中形成自己的风格与特色。这是时代赋予教师的历史使命，教师应经受住考验。

2. 现代教师的劳动特点

人是教师劳动的对象，人也是劳动的产品。教师的劳动严格意义来说是一项复杂的脑力劳动，有着自身独特的特点，主要表现在教师劳动的目的、对象和手段方面。

促进学生的全面发展，提升学生在德、智、体、美、劳各方面的素质，这是现代教师劳动的目的。学生处于身心发展的关键时期，可塑性比较强，具

有明显的多变性和发展性，为了促进学生的个性发展，教师应选择合适的劳动手段。

从现代教师的劳动任务、劳动对象、工作的方法和手段以及现代教育对教师的要求来看，现代教师劳动的特点具体有以下几点。

（1）复杂性

教师的劳动具有一定的复杂性，这是因为教育对象、教育任务和教育影响存在着一定的多样性。

从教师的劳动对象角度来分析，学生是教师的劳动对象，学生是有思想、有感情、有主观能动性的人，学生之间存在着个体的差异，他们兴趣爱好不同，性格千差万别，能力参差不齐，这对教师的教学提出了更高的要求，教师不仅要面向全体学生施教，还要坚持因材施教的策略。

从教育的任务角度来分析，教师肩负着重要的任务。一方面，教师要向学生传授知识，提升学生的能力，促进学生的智力发展；另一方面，教师还要培养学生的个性和品格，促进学生在体育、美育和劳动技术教育等方面的发展。

从教育的影响角度来分析，多种因素会影响学生的发展，比如学校内各方面的因素，家庭和社会等方面的因素。教师应当协调好这诸多影响学生发展因素之间的关系，这样才能为教育学生创设良好的条件。教师的劳动是复杂的，主要原因在于教师的工作是艰巨的、繁杂的。但是，教师的教诲和影响又有着深远的意义，为社会、为国家培养了大批有用的人才。

（2）创造性

教师劳动的核心特征就是创造性。学生是教师的劳动对象，学生是有感情、有思想的人，容易受社会各方面因素的影响。对于教师来说，教育好学生的前提就是要充分分析学生的基本情况、教学的基本条件，创造性地设计教学的方针，合理选择教育学生的策略，并对教学结果进行科学的预测。教师在培养学生的过程中既要面向全体学生设计统一的教学目标，又要尊重学生的个性特征，促进学生的个性发展。在劳动的过程中，教师要充分发挥创造性思维，积极开展创造性教育实践活动，教师的劳动是一种长期的劳动，也是一种创造性的劳动。

（3）示范性

教师对学生的影响是多方面的，教师除了利用学识、才能教育学生之外，还能通过自身的道德品质、言行规范、治学态度等影响学生。从这个角度来讲，要想教育好学生，教师应将言传和身教结合起来，这也表明教师的劳动具有突出的表率性和示范性。学生在教学活动中具有较强的模仿性，教师应该注意自己的言行和工作态度，用自身的情感和意志品质熏陶、感染学生的心灵，为学生树立榜样，通过发挥榜样的力量进一步提升学生的道德素质。这就要求教师具备良好的德才，乐于且善于为人师表，提升自己在学识才能方面的修养。

（4）长期性

培养人的劳动一般周期都比较长，需要教师群体长期的付出。从人的整体发展角度来分析，教师的劳动不是一蹴而就的，需要一个相当长的周期，这也表明教师劳动是非常艰巨的。教师劳动的长期性对教师的活动提出了较高的要求，要求教师活动要立足于现阶段的社会需要，并且充分考虑劳动结束时的社会需要。从这个层面来讲，我们可以说教师劳动是面向未来的。

（5）前瞻性

教育具有一定的前瞻性，甚至部分学者认为教育学就相当于未来学，这反映了教育家的现代思想。随着经济的发展，社会的进步，我们已经认识到教育致力于为社会培养适用人才，而教师是这一任务的主要承担者。当前教育事业的发展状况从某种程度上来说决定着国家和民族未来的发展面貌。这就要求现代教师具备一定的超前意识，用发展的眼光来看待教育，及时了解国内外发展的最新动态，学习最先进的教育教学理论，了解最前沿的教育教学思想，站在时代发展的前列运用最新的教育理念，使教育思想脱离课本、课堂和学校的束缚；教师要充分发挥创造性思维，激发学生的发现意识，使学生具备批判性精神；教师还要具备市场意识，深入分析大市场对人才的需求，使自己的工作能够满足市场的需求；教师还要具备民主和科学的意识，引导学生自主学习，培养学生的自制能力。

3. 现代教师应具备的素质

教师在教育系统中发挥着十分重要的作用，教师的素质决定着教育系统的质量。因此，从本质上来说，未来社会对教育的要求可以说就是对教师的要求。在教育的发展与改革过程中，教师发挥着关键性的作用，教师的态度决定着教育观念的更新、教学内容的升级、教学方法的改革等。教师要满足社会发展与育人的需要，必须具备以下几种基本素质。

（1）正确的教育理念

对于现代教师来说，具备与时俱进的教育理念是非常重要的，这样才能与时代精神相通。教师要深刻理解教育工作的本质，了解教育工作的主要责任，分析教育工作的具体特点，深刻认识到教师所从事职业的重要性，教育不仅关系着社会的发展，决定着国家和民族的未来，还影响着每个人的生命价值，关乎着每个家庭的幸福和希望。因此，教育是一项举足轻重的事业，这就要求教师形成对事业的责任感和荣誉感。教师要在工作中坚持正确的教育理念，注重发展素质教育，注重培养学生的智力，促进学生的个性发展。另外，在正确的教育理念的指导下，教师还能继续开拓自己的事业，深入研究教育教学方法，不断提升自己、完善自己，提高教育教学能力。

（2）良好的职业形象

不同的社会职业有不同的行为模式和行为规范，教育行业亦是如此。教师的职业形象指的是教师在完成教育教学任务时，在学校以及在社会中承担的职业作用和表现。教师的劳动具有自身独特的特点，具体表现为劳动者和劳动工具是统一的，教师的形象对学生产生了重要的影响，能够对学生产生示范的作用，也能够感染学生。这就要求教师注重自身的仪表和教风，具备良好的言谈举止，养成良好的习惯，使教师的良好素质通过外化行为表现出来，进而影响学生形成良好的素质。另外，教师还要加强思想道德修养，培养崇高的精神境界，为教育事业的发展贡献自己的力量；教师还要发自内心地热爱学生，尊重和理解学生，想学生所想，急学生所急，帮助学生解决学习和生活中的困难；教师还要注重提升自身的文明素质，遵纪守法，遵守社会道德规范，通过言传身教来潜移默化地影响学生，使学生养成良好的品格。

（3）多元的知识结构

新课程计划对学生的教育提出了具体的要求，即加强学生劳技教育、青春期教育、心理健康教育、环境教育、国防教育和交通教育。新课程计划的重要特点就是教育内容的社会化。21 世纪，教育工作的发展趋势是学科教学的整体化。各学科教师相互配合、加强合作，对学生进行多学科教育时，从学科交叉方面入手，通过学科对比和学科渗透的方式加强对学生的教育，这对教师的素质提出了更高的要求，只掌握单一的学科知识很难胜任，教师应该构建多元的知识结构。首先，教师必须具备扎实的专业基础知识；其次，教师还要了解自然科学、社会科学等领域的最新知识，了解研究前沿的最新成果；最后，教师还要学习和掌握教育学和心理学的知识。现代教师兼具实践者和研究者的双重身份，学习和提升运用现代教育技术手段的能力是非常有必要的，同时还要深入研究教育方面的理论，掌握教育的方法，形成自己的教育风格。

（4）多向的教育交往

教师在教育教学活动中会与多个主体进行多向的教育协调与交往，比如教师与学生之间、教师与教师之间、教师与学生家长之间、教师与社会中的教育力量之间都会进行交往。这就要求教师善于从他人角度来思考问题，提升自己与他人交往的能力，这样才能更有效地实现教育的目标。针对学生，教师要激发学生的主动性，引导学生积极参与教育活动，加强与学生的沟通与交流，与学生建立平等的关系。针对教师，教师需要加强与其他教师的合作，相互配合，相互支持，摒弃以学科为中心的个体工作意识，共同努力完成教学任务。针对学生家长，教师应与家长建立合作与支持的关系。针对社会教育力量，教师应与社会相关机构中的人员建立协作关系，形成教育合力。

（5）健康的心理素质

心理健康对人们的生活是非常重要的，对一名教师来说更加重要。健康的心理素质不仅是教师自身健康生活的需要，而且有助于促进学生的心理健康发展。教师如果心理不健康，会给学生的心理带来一定的不利影响，往往会导致学生形成消极的心理，或者使学生产生一定的心理障碍。因此，教师应保持乐观的心态，保持稳定的情绪，向学生传达积极的情绪。另外，教师还要保持宽容的心态，处于青春期阶段的学生，人生观和价值观尚不成熟，犯错很常见，教师要容忍学生的无知，允许学生犯错，积极引导学生，帮助学生认识到错误并加以改正，为学生创造良好的宽松的成长环境。

在教师育人过程中形成的稳定的职业品质就是教师的素质，教师的素质反映了教师的职业形象、教师育人的知识以及育人的能力。

4. 现代教师应具有的专业精神

从教师专业性质和专业化过程的特点来看，现代教师应当具有的专业精神表现在以下五个方面。

（1）敬业乐业精神

敬业指的是教师对自己所从事的职业发自内心的崇敬。身为教师应该清楚地了解教师专业的特点，由内生发出尊严感，树立坚定的职业信念，理性地面对社会的各种评价。在敬业的同时，教师也要做到乐业。所谓的乐业可以理解为教师对自己有比较充分的认识，全身心地投入专业工作中。身为教师不能陷入物欲的陷阱之中，需要淡泊名利，清高有为。

（2）勤学进取精神

教师身兼多重身份，不仅是教育者，也是学习者。所以，对于教师来说，需要不断学习，积极进取，丰富自身知识和文化储备。随着现代社会的发展，新知识、新观念和新理论层出不穷，这对教师来说也是一种挑战。教师要想更好地适应时代的发展，就需要紧跟时代的步伐，勤奋前进，不断学习，树立终身学习的理念。

（3）开拓创新精神

人们普遍认为教育即创造。在实际的教育活动中，教育对象多种多样，学生的个性千差万别，时代对人才的需求也在不断地变化。要想把个性鲜明的个体培养成符合时代和社会发展需求的人才，教师需要依靠高度的创造性劳动，而不是程式化的机械劳动。基于此，教师在开展专业工作时要发挥创新精神，敢于借鉴，勇于开拓，不能墨守成规。教师要根据实际情况制定符合教育对象特色的教育方案，选择合适的教学方法，科学、有效地开展教育教学活动。

（4）无私奉献精神

众所周知，教育工作是一项烦琐、细致、复杂的工作，教师需要付出大量的劳动和努力，这是量化指标所无法衡量的，基于此，教师需要具备一种无私奉献的精神，积极投入教育工作中。无私奉献的精神要求教师不追名逐利，不计较物质得失，不贪恋功名利禄，将育人作为教育工作的重心，全身心地投入教育工作中。

（5）负责、参与精神

一般来说，教师的负责、参与精神是由教师的角色职能决定的。教师的负责精神具有比较丰富的内涵，首先，对于教师来说，应该具备较强的教育责任感，认真对待每一个工作环节，关心每一个学生，促进其健康发展，加倍爱护学习成绩落后的学生，加强对这些学生的帮助；其次，教师还要具备较强的社会责任感，了解国家发展的形势，积极发扬和传播中华优秀传统文化，坚持公平与正义。教师要想充分发挥负责精神，就必须同时具备参与精神，具体来说就是参与学生生活和参与社会生活。在实际的教学过程中，教师认识到要参与学生的生活，但没有注重参与社会生活。通常情况下，教师并不热衷于了解社会现象，也不关心社会的发展，对解决社会问题和提升大众生活水平缺乏兴趣；还有的教师恪守清高，不愿沾惹社会是非，不愿受外界的干扰，在一些社会问题上经常保持中立，角色比较孤立，导致社会大众不了解教师。事实上，教师往往是时代先驱的象征，是一个知识群体，教师应通过自己的实际行动参与社会生活，关注社会现象，积极参与社会的变革。

### （三）现代教育理念下的学生观

所谓的学生观就是人们对学生的基本认识和根本态度。学生观与教育活动的目的存在着紧密的联系，学生观也影响着教育活动的方式和效果。现阶段，教育现代化进程不断加快，涌现出了多种多样的学生观，有些是落后的、与现代化教学要求相悖的。通过深入研究学生观，我们能够树立正确的学生观，培养出高素质的现代公民。

1. 学生是发展的人

学生观的重要内容就是如何看待学生的身心发展问题，首先估计学生的天性和潜能，深入分析学生身心变化特点。

（1）学生是具有生命意义的人

教育的对象是学生，学生是富有个性、富有生命意义的人，这体现了第一位的学生观，把学生当一个独立的人来看待，将人应有的时间和空间还给学生，真正赋予学生"人"的含义，这是知识经济时代，教育发展的必然趋势，反映了社会的进步。

现阶段，应如何正确地看待学生的天性？首先，我们要认识到教育有助于促使学生朝着积极的方向发展，最主要的差异体现在教育方式和教育重点的选择方面。

（2）用发展的观点认识学生

在看待学生时，要坚持发展的观点，摒弃僵化的观点。用发展的观点来认识和对待学生，包含以下几个相互关联的方面。

① 学生身心发展是有规律的。通过分析生理学、教育学和心理学的理论，我们发现人的身心发展是有规律的，是自然性和社会性的统一，这是因为人的

身心发展既是自然的客观过程，也是社会历史文化的过程。个人身心发展受多种因素的影响，其中起决定作用的因素是遗传、环境和教育因素。不同的因素为个体的发展创设了便利条件。人的身心发展是一个连续不断的过程，在发展的每个阶段都有其特征，所处年龄阶段的不同，呈现出来的年龄特征也是不同的，年龄特征兼具稳定性和可变性。这反映了人身心发展的一般规律性。受过基础教育的学生的身心发展就符合这些规律，也最能将这些规律与特征反映出来。了解和认识学生身心发展的规律有着极其重要的意义，能够更好地理解学生，根据学生身心发展的规律和特点开展教育活动。

②学生具有巨大的发展潜能。学生的发展潜能在理论上和实践中有着不同的表现。在实际工作中，很多人持有僵化的潜能观，认为学生的智力水平是先天的，教育无法改变学生的智力水平。事实上，学生拥有巨大的发展潜能，并且相关科学研究已经证实了这一点，为这一观点提供了科学证据。国内外关于智力开发的研究提供了大量的事实经验，比如国外学者波诺的横向思维训练、费厄斯坦的工具性强化训练，以及国内学者吴天敏的动脑筋练习、林崇德的思维开发教育，都表明人脑在经过专业的训练后，智力水平能够得到有效的提高。教育工作者应该坚信学生是潜藏着巨大的发展潜力的，对学生的成功给予充足的信心。要想取得良好的教育成果，教师就要相信学生的潜力。

③学生是处于发展过程中的人。学生是发展中的人，是尚未成熟的人，是正在成长中的人。人们在实践中往往对学生提出过高的要求，没有看到学生成长的特点，违背了发展的规律。学生还在发展过程中，必然会存在这样那样的不足，这是很正常的事情，不能对学生求全责备，这样并不符合实际情况。发展的过程也可以说是一个进步的过程，在此过程中会克服原有的不足，解决原有的矛盾，缺陷和矛盾是发展的动力，为学生的发展指明了方向。如果认识到学生是一个发展中的人，就会理解学生身上存在不足是很正常的事情，也会用更加宽容的心态对待学生的错误，帮助学生解决问题，改正错误。

④学生的发展是全面的发展。从人性上来分析，学生的发展主要包括三方面内容，分别是人的自然属性的发展、人的社会属性的发展以及人的精神属性的发展；从个体身心角度来分析，学生的发展包括两方面内容，分别是个体活动的生理调节机制方面的变化和个体心理调节机制的变化；从个体和社会的关系角度来分析，学生的发展包括三方面内容，分别是社会认知的发展、社会技

能的发展以及社会适应性的发展；从发展的目的角度来分析，学生的发展不仅是服务社会、个人谋生，还注重自身的完善与提高。总的来说，学生的发展主张促进学生全面的发展。

2. 学生是独特的人

在实际的教学过程中，人们常常忽视学生的思想和感受，没有从学生的角度来观察问题和看待事情，没有重视学生的独特性，这是非常错误的观点。如果我们深入分析学生的内心，我们就会发现学生具有非常丰富的内心世界，内在感受深切而细腻，观察、思考和解决问题的方式十分独特，与成人存在着很大的差异，这在另一方面也体现了学生个性的独特性。基于此，在认识学生方面，应坚持学生是独特的人这一基本观念。学生是独特的人的命题，包含以下几个基本看法。

（1）学生是个完整的人

在实际生活中，人们往往只将学生当成是受教育的对象或学习者，没有关注学生身心的整体性，这是非常不正确的。具体而言，学生不仅仅是抽象的学习者，还是有着丰富个性的完整的人。学生在实际的教育活动中是作为完整的人而存在的，具备人全部的智慧力量，同时也具备人格力量，各个方面都接受着教育，换句话来说也就是学生在学习的过程中，不仅学习文化知识，还能受到相应的技能训练，在此过程中伴随着交往、创造、追求和选择。学生体验的全部的教育生活还包括学生的意志努力等，意味着学生整个内心世界的全面参与。这就要求教师要从整体上对待学生，分析学生的实际情况，根据学生的实际选择教育措施，这样教育活动才能有效开展，进而提升教学效果。将学生作为完整的人来对待必须坚持人的完整性，坚决反对割裂人的完整性，为学生创设完整的生活世界，不断丰富学生的精神生活，为学生提供充足的时间和空间来全面展示学生的个性力量。

（2）每个学生都有自身的独特性

学生身上的独特性是人的个性形成和完善的内在资源，教育的一个重要目标就是保护学生的独特性。这里就存在一个问题：应该如何协调学生的独特性和教育的统一性？针对这个问题，有学者片面地强调教育的统一要求，也有学者着重强调学生的独特性和兴趣，但这些答案都令人满意。我们应该认识到学生的独特性并将培养具有独立个性的人作为对待学生的基本态度。

（3）学生与成人之间存在着巨大的差异

人们在看待学生时，习惯将学生看成是小大人，觉得学生能够认同、仿效成人的思想和行为，在这种认识的基础上，人们对学生进行教育和评价。但这种认识明显存在着片面性，大量的事实表明，学生和成人之间是存在着明显的区别的，在观察、思考、选择和体验等各方面，学生和成人之间都是存在着差异的。现代社会是信息飞速发展的社会，在网络中存在着各种各样的信息，在信息广泛传播的大背景下，学生的眼界越来越开阔，思想越来越开放，更加注重精神世界和情感世界，对外界事物的感知越来越敏锐，对外界事物的反应越来越迅速，喜欢追求新意，对时髦有一种狂热的追求。现代的学生接受的思想比较先进，学生身上的时代气息比成人更加浓厚，在一定程度上可以说现在的学生已经走在了时代的前列，传统的观念已经难以适应现代学生的发展需求，用传统的观念来约束学生无法取得理想的教学效果，这就要求教师摒弃传统的小大人观念，认真对待现代学生，深入分析现代学生的群体特征，仔细研究现代学生的特点，针对学生的实际选择相应的引导措施。对于教育者来说，加强与学生的沟通与交流是非常重要的，这样能够得到学生的认同，得到学生更好的配合，有助于实现教育目标。

总的来说，每个学生都是完整的、具有独特个性的人。对于学生群体来说，具备内在的独特性，这是客观存在的情况。教师要充分认识到学生的独特性，在思想方面尊重学生的独特性，尊重学生的个性，注重发展和完善学生的个性。

3. 学生是教育活动的主体

在教学论中研究的比较深入的，讨论的比较多的是学生是否是教育活动的主体。随着时间的推移，越来越多的教育工作者深刻认识到了学生是教学活动的主体。学生发展的外部条件和外因是教师主体对学生客体的教育和改造。而学生发展的内在机制和内因是学生的主体活动。现阶段，从观念角度来分析，并不是所有的人都一味地反对学生是主体这一观点，但是在具体的教育实践中，很多教师没有真正意识到学生的主体地位。在教育教学活动中，真正落实学生的主体地位仍需要进一步的探索。为此，作者结合当前的实际情况提出几点看法。

（1）学生是学习活动的主体

学生是学习活动的主体，同时也意味着学习活动是学生的主体活动。学生的学习活动是一个广义的概念，应该从更广的范围来认识和理解学生的学习活动。学生的学习活动不仅包括了各学科知识和技能的学习，同时还包括学科能力和运用学科知识解决问题的能力的学习，还包括了各学科知识之外的人文和科学等综合知识的学习。另外，学生的学习活动还涉及做人做事等方面的能力的学习，不仅要学习知识、思想、观念等方面，还要学习态度、品质、行为等方面，学会观察和模仿，创造性地解决问题，进一步实现主体客体化。

（2）学生是具有一定主体性的人

一般来说，学生是各种学习活动的发起者，同时学生也是学习活动的行动者，这就要求学生必须具备一定的主体性。青少年学生随着自我意识的不断增强，会逐渐产生一种自尊自信和追求真理的自觉性，具体来讲就是在实际活动中会表现出追求独立、追求自主选择、追求自主判断等。学生在实际的教育活动中发挥自身主体性的形式是丰富多样的，可以表现为学习意向上的自觉性和主动性，也可以表现为学习过程中的接受、探索、训练、创新等具体行为。

学生主体性的表现形式会根据任务的不同、条件的不同而呈现出明显的区别。充分分析教育的要求，积极调动学生的积极性和主动性，为学生打造更广阔的活动空间，这是落实学生主体地位的关键性举措。

（3）教育在于建构学生主体

我们已经知道学生具有一定的主体性，但这里需要注意的是，学生主体性的程度是比较低的，学生主体性的范围也比较狭窄。教学中学生主体性的力量在很多方面明显弱于教师主体性的力量。教师要努力提高学生主体性水平，引导学生主体性的全面发展，推动学生客体主体化。

（4）进一步探索学生主体活动问题

学生主体性最主要的表现就是学生主体活动。学生主体活动发挥着十分重要的作用，是教育促进学生发展的基本机制。在教学过程中，学生主体活动主要有四种类型，分别是学生主体外部活动、学生主体内部活动、学生主体外部活动的内化和学生主体内部活动的外化。另外，在其他教育活动中学生的主体活动又包括哪些类型？学生的主体活动主要特点和功能分别是什么？应怎样构建学生主体活动？这些问题涉及具体教育活动中落实学生主体地位的原理和策略，需要深入探讨。

4. 学生是责权主体

从伦理和法律的角度来分析，现代社会中的学生是一个法律上的责权主体，具体来讲就是学生在教育系统中既享有一定的法律权利，同时也承担着一定的法律责任。不仅如此，学生还承担着一定的伦理责任，同时也享受着特定的伦理权利，也是伦理上的责权主体。现代教育与古代教育存在着十分明显的差别，主要表现为是否将学生当成责权主体来对待。教育发展得越民主越能将学生作为责权主体来对待。

将学生作为责权主体来对待，需要处理好学生权利与学校职责的关系。一方面，学生是权利主体，学生的合法权利需要学校和教师共同来保护；另一方面，学校需要在一定程度上合理制约学生的权利，这主要是因为学校肩负着有效教育和管理学生的责任。现阶段，在教育管理方面需要深入研究的问题就是怎样才能既尊重和保护学生的权利同时又能对学生进行有效的管理，充分发挥学校教育人和塑造人的职责。从根本上来说，这一矛盾主要反映了学生权利的自由与限制的问题。

在处理学生权利自由和限制的问题上，往往会出现两种截然不同的做法。一种做法是强调学生的权利自由，这种做法普遍存在于欧美的一些国家。他们重视学生的权利自由，认为学生的权利是神圣不可侵犯的。从某种意义上来说，这也可以称为学生权利管理上的自由主义。另一种做法是突出学校对学生管理的重要性，处于第一位的是学校的管理。这种做法普遍存在于东方国家中。这种做法有一定的积极意义，有助于学校教育的有效运作。但同时这种做法也存在着一定的不足，容易侵犯学生的权利，表现为对学生的权利没有给予相应的尊重，在保护学生权利方面力度不够。这种做法也可以称为权力主义。从本质上来说，自由主义和权力主义都没有找到自由和限制的合理界限。

在我国，在处理学生权利的自由和限制问题方面，普遍认同权力主义，换句话说，在处理学生权利问题时，一般会从学校管理的有效运作角度入手，这种做法容易忽视对学生各种权利的保护。从这个层面上来讲，这种做法存在着一定的不足。学校管理不仅存在着忽视学生权利的问题，还存在着一种保姆主义现象。保姆主义可以理解为学校对学生担负着无限多的责任，而且其中的很多责任都是不必要的。保姆主义给学校带来了一定的不利影响，增加了学校的压力，也难以有效培养学生的责任意识。从本质上来说，保姆主义就是学校管理权限不明确的反映。权力主义和保姆主义，一个赋予学校无限的权利，一个赋予学校无限的责任，两者都没有处理好学生的权利自由与限制的关系。

毫无疑问，过分自由和过分限制都在一定程度上阻碍了学生的成长，同时也妨碍了学校工作的有序进行。因此，应在自由和限制之间寻求一种基本平衡，在此过程中需注意以下两点。

（1）要区分学生的个人行为和教育行为

一方面，学校无须也无权管理学生的个人行为；另一方面，学校担负着组织和管理教育行为的责任。在处理教育行为的过程中，需要坚持公正、民主、人道精神等伦理原则。学生教育行为的自由是有一定的限度的，具体来讲，应以不妨碍教育目的的实现和教育活动的开展为限度。

（2）要区分不同年龄阶段学生的权利享受与责任承担问题

学生年龄的不同，意味着学生自由享受权利的能力不同，同时承担行为责任的能力也不同。学校对学生权利的限制取决于学生享受权利的能力和学生承担行为责任的能力。具体来讲就是学生年龄越小，学校负有的管理责任就越大，对学生权利的限制也越大。随着学生年龄的增长，学校负有的管理责任也越来越有限，对学生权利的限制也越来越小。

# 第三节　教育教学管理概述

## 一、教学管理的基本内涵

教学管理是在管理理论和教学理论的基础上，运用科学的管理和教学方法，充分发挥教学管理者的计划、组织、协调、控制等管理职能，对教学过程的各个环节和各个要素加以统筹协调，使之有序运行并不断提高效能的过程。

培养社会主义建设的人才有多种途径，如教学、科研、生产劳动、社会实践活动等，但学生只有在校期间才能系统地学习政治理论和科学知识，接受思想品德教育，而且在学习各门课程的同时，也可以形成一定的世界观和方法论。

由此可见，教学是学校培养人才最基本的途径，教学管理也是学校各项管理工作中最重要的一项工作。在教育过程中，教育行政部门和学校共同承担着教学管理的工作，它涉及过程管理、业务管理、质量管理和监控管理。

## （一）过程管理

教学过程是根据教育方针的要求和一定的社会需求，以教学目标为导向，以学生的身心发展规律为依据，由教师教学与学生学习共同组成的双边活动过程。这一过程包含教师、学生、教学内容和教学手段等要素。

其中，教师是教学过程的主导因素，引导学生学习；学生是教学过程的主体，也是学习的主体，教学内容和教学手段是教学过程中的客观因素，也是教师和学生发挥各自作用的物质载体。教师的教学过程由课前备课、课堂教学、课外辅导、作业批改和教学评价五个基本环节组成。学生的学习过程由课前预习、课堂听课、复习巩固、应对考试、掌握知识和应用知识六个基本环节组成。教学过程管理是指教学管理者根据教学过程的规律，确定教学工作的顺序，制订教学工作的计划，通过策划、娱乐、检查、总结等方式实现既定教学目标的活动过程。

## （二）业务管理

教学业务管理是对学校教学业务工作的各个环节所进行的有计划、有组织的管理活动，是学校教学管理工作的重要组成部分，决定着学校教学管理的水平。在教学业务管理方面应做好以下四个方面的管理工作：

（1）组织工作。一方面要建立有效的教学组织机构，建立健全的二级学院教学管理组织，建立完善校院二级教学管理体制机制；另一方面要建立和健全教学管理规章制度，也就是修订或制定一些有关教学方面的规章制度，有助于进一步规范教学人员的行为，激发教师的教学热情，提升教师队伍的教学技能。

（2）培训工作。对于学校和教育行政部门来说，定期举办各类教师培训班是非常有必要的，有助于提升学校教学业务管理的水平，提升教师管理队伍的素质。比如可以举办教师入职岗前培训等。

（3）指导工作。在充分分析工作目标的基础上，在管理计划的指导下，上一级教学管理者指导、点拨和帮助下一级管理者。

（4）协调工作。在制订和实施教学工作计划的过程中，教学管理者要注重提高工作效能，协调好教学管理系统内外的关系、组织与组织之间的关系、个人与个人之间的关系等。

## （三）质量管理

所谓的教学质量管理可以理解为学校为了更好地培养社会需要的人才，在课程计划的指导下，根据课程标准和教育目标的规定，指导和控制教学过程和教学效果的活动。在学校教学管理工作中，核心任务就是教学质量管理。

学校教学质量管理的一般程序如下：

（1）确定教学质量的标准。充分分析教学目标，并在此基础上拆分教学目标，将教学拆成不同的小任务。

（2）进行教学质量管理检查和评价。一般来说，教学质量标准是确定的，通过与标准相互对照与比较，可以检查和评价教学工作计划开展的实际效果，了解教学规章制度的执行情况，分析教学工作的质量，观察教学管理组织机构及其管理人员发挥管理职能作用的情况。通过检查和评价能够及时发现问题、解决问题。

（3）进行教学质量分析。根据在检查过程中出现的问题找出解决和改进教学工作的途径与方法。

（4）进行教学质量控制。教学质量控制就是依据教学质量分析的结果，科学有效地实施教学质量改进措施的过程。

## （四）监控管理

教学监控可分为教学质量监控和教学过程监控两部分。即根据课程标准和教材对教学的要求，对教学过程进行监测和检查，从而找出反映教学质量的资料和数据，发现教学中存在的问题，分析产生问题的原因，提出解决问题的建议，促进教学质量的提高，促进学生学习水平的提高和教师的专业发展，保证素质教育方针的落实。简而言之，监控是过程，评价是结果，目的是促进。

## 二、教学管理的地位

（1）教学管理是高职院校各项管理中最活跃的主导因素

教学活动是高职院校最本质、最经常进行的活动，各级各类学校都以教学工作为主体，教学是学校的中心工作，因此，对高职院校教学系统来说，教学管理与其他各项管理相比，具有特别重要的地位。教学管理规定和协调着其他管理活动的进行。例如，学校的行政管理、资产管理、师资队伍管理、学生社团活动安排等，都要根据教学管理和教学任务的进展情况协调进行。

（2）教学管理是高职院校基本特征的生动体现

高职院校通过教学活动培养社会主义现代化建设所需要的高素质人才。具体说来，高职院校有明确的教育教学目标、教学内容和固定的教育组织形式，有必需的仪器设备，有专门从事教育工作的教育者和相应的教育对象。这些是高职院校教学管理的基础和条件，只有通过教学管理，这些特点才能科学地有机结合，高职院校人才培养的职能才能体现。若没有教学管理，高职院校也就失去了其特征和职能。

（3）教学管理是高职院校提高教学质量的基本保证

教学质量是学校得以存在的价值标准，教学质量问题直接影响高职院校的社会效益和声誉。决定教学质量的因素是多方面的，但教学管理是最基本、最重要的因素之一，其他条件都很好，如果教学管理跟不上，有利的因素和条件得不到发挥，教学质量同样难以提高。即使其他条件差一些，如果教学管理科学、有力，那么教学质量也有可能提高。

（4）教学管理是协调"教"和"学"之间关系的重要手段

在教学过程中，教育目标的统一性和教学效果的不确定性之间时刻存在矛盾。若要解决好这个矛盾，必须加强教学管理。教学管理可以随时协调和控制教学过程各个阶段、各个环节中教和学的关系，使学生的学习较顺利地达到各个阶段的目标，从而最终成为符合质量标准的人才。

## 三、新媒体背景下的教学管理

### （一）新媒体与教学管理的适配性

与传统媒体相比，新媒体是传统媒体的延伸，广播、报刊等传统媒体已经难以满足时代发展的需求，在此背景下新媒体应运而生，新媒体就是数字、网络通信媒体，通过手机和计算机等电子工具向用户提供需要的各种信息。通过新媒体，手机或者网络用户不但可以平等、自由地发表自己的言论，还可以参与自己感兴趣的话题讨论。新媒体的使用使人们的交流突破了时间与空间的束缚。

有了互联网，手机和计算机用户在新媒体上获取各种信息更加高效、及时。

高职院校的学生，青春洋溢，好奇心旺盛，善于使用新媒体。通过新媒体，他们能够随时随地与人联络，还可以通过新媒体在网络上获取自己感兴趣的知识，不仅能够拓展自己的知识范围，还能够弥补课堂教学中的不足。但同时也存在着一些问题，高职院校的大学生正处于从不成熟走向成熟的关键时期，他们的价值观逐渐成熟，这一时期的大学生如果辨别能力不强的话，容易被网络上的负面信息所影响。这就对高职院校的管理人员提出了更高的要求，尤其是教师和辅导员更应该做好准备迎接新媒体时代的挑战，坚持精细化教学管理理念，引导学生树立正确的世界观、人生观和价值观。

党的十九大报告指出，要加强互联网内容建设，建立网络综合治理体系，营造清明的网络空间。现阶段，互联网的用户群体主要是大学生，这就要求大学生建立网络思维，进一步提升自身网络文明素养，通过网络传播先进文化，弘扬正能量，创设良好的网络环境。

学生教育管理者现如今面临的亟待解决的问题就是如何更好地推进网络教育和网络培养。习近平总书记多次强调，要运用新媒体新技术使工作活起来，推动思想政治工作传统优势同信息技术高度融合，增强时代感和吸引力。

高职院校教育管理者在教育管理的过程中，需要充分发挥主观能动性，科学合理地使用新媒体，加强对学生的网络教育，使学生能够具备一定的网络道德，增强学生的网络意识，提升学生的网络能力。

所谓的新媒体指的是利用网络技术、数字技术、移动通信技术等技术和手段，传递和接收信息的传播载体。新媒体有三个主要传播形式：一是互联网新媒体，二是移动终端（手机）新媒体，三是数字电视新媒体。在我国，使用网络的人是非常多的，在这数量庞大的网民中，20～29岁年龄段的网民数量最多。通过深入分析我国新媒体使用者的职业结构，我们可以发现占比最大的是学生群体，所占比重达到了1/4左右。人们越来越喜欢使用即时通信工具，比如微信朋友圈、QQ空间等，以及衍生出来的半公开的社交平台。随着网络技术的发展，参与网络游戏的用户越来越多，网络游戏用户规模也越来越大。

随着时代的发展，信息技术不断更新换代，移动互联网应用越来越普及，给传统的教育模式带来了严重的冲击。青少年对互联网的依赖越来越强，他们主要通过互联网来获取信息。当前时代已经发展成为网络信息时代，教育管理者应该重视网络对学生的影响，了解网络给学生教育和管理带来的新渠道和新手段，积极利用新媒体创设新的教育管理模式，推动学生教育管理工作的创新发展。

1. 新媒体在教育管理工作中的作用

2016 年 12 月，在全国高校思想政治工作会议上，习近平总书记指出高校思想政治工作要坚持将立德树人作为中心环节，在教育教学的全过程中始终贯穿思想政治工作，充分发挥思想政治工作的优势，将信息技术融入思想政治工作中，积极采用新媒体、新技术，为思想政治工作注入新的元素，彰显思想政治工作的时代感。对于高职院校教育管理者来说，要充分认识到新媒体在促进教育管理工作方面的重要作用。

（1）新媒体能够提升学生的媒介素养，培养高素质人才

媒介素养是一种现代公民的基本素质，指的是公民了解媒介的特性和功能，判断媒介传播的信息，利用媒介或者媒介传播的信息为学习、工作和生活服务的能力。20 世纪 30 年代，在英国开始流行媒介素养教育，当时的媒介素养教育主要是为了引导学生抵制媒体中的大众文化价值观，帮助青少年抵制大众传媒中的低俗文化。

媒介素养教育在我国的发展相对缓慢。2016 年 9 月，我国基本确立了"中国学生核心素养"框架，在此框架中第一次涉及学生在社会学习中应具备的信息意识和信息技术素养，包含着十分丰富的内容。随着国际社会的发展，再加上电子媒体的更新换代，媒介素养教育越来越普及，重要性越来越凸显。

（2）新媒体能够帮助学生树立文化自信

在当前时代背景下，高等职业教育肩负着重要的职责，致力于为社会培养高素质的技能型人才，在一定程度上有助于传承和发扬我国大国工匠的品质，同时也对高职院校的学生提出了具体的要求，学生既要掌握基础的职业技能，还要具备以德为先的基本素质。高职院校的学生处于从不成熟走向成熟的过渡期，正在逐步形成稳定的人生观和价值观，在吸收外来先进文化方面，高职院校的学生具有比较快的理解和吸收速度，但与此同时，一些低俗、不健康的信息会影响学生的价值观和判断，甚至可能使学生被反动言论所迷惑。

当代的青少年上网容易沉迷于网络小说、视频、游戏等，给青少年带来了非常大的不利影响，使得青少年的思想比较偏激，容易对虚拟偶像产生崇拜，找不到生存的价值，丧失对现实世界的信心，严重的还会导致心理疾病。大一

的学生刚从繁重的高中学业中"解脱"出来，互联网信息对其充满了无限的诱惑，在庞大的信息量的冲击下，大一新生容易失去理性的判断，这时就需要教育管理者承担起责任，对他们进行正向的引导。

对于学生来说，正确的引导是非常重要的，有利于规范学生思想和行为。教育管理者可以利用传统媒体节目，比如各种各样的文化类节目等，不仅如此，还可以利用政府官方微信号传播我国先进文化，引导学生关注思想正确的媒体，学习先进的文化。

（3）新媒体有助于开展党建工作，传递正能量

一般来说，高职院校的学生是高考后最后一批被录取的，在综合能力上相比于本科生要差一些。部分高职院校的学生没有深刻认识党建工作，入党的动机不当，党性不纯洁，再加上高职院校教育体制的特殊性，缺乏对入党积极分子的相应培训。有了新媒体的加入，党建工作的开展更加便利。

教育管理者可以充分利用 QQ 群或微信群进行宣传推广工作。教育管理者可以建立相应的小组用来加强沟通与交流，为学生和教师实现"一对一"的直接沟通创造条件。举例来讲，郑州信息技术职业学院在进行学生党建工作时，责任教师经营了两个专门的微信公众号，通过微信公众号来传播信息。

2. 新媒体为学生管理工作带来的机遇与挑战

新媒体是学生获取信息的重要渠道，这是因为新媒体中蕴含着丰富的信息。另外，新媒体也比传统媒体传播速度更加高效，传播范围更加广泛。新媒体对于学生来说有着非常积极的意义，不仅能够开阔学生的视野，培养学生思维，还能促进学生综合素质的发展。将新媒体应用于高职院校学生管理工作中是非常重要的，有助于拉近学生和学校之间的距离，使学生增强对学校的认同感，还能引导学生形成优秀的品质，帮助学生建立正确的人生观、价值观和道德观，为学生的未来发展奠定基础。

机遇展开来讲就是随着时间的推移，互联网技术越来越普及，信息网络的覆盖范围越来越广，全球范围内的联系越来越紧密，新媒体所蕴含的信息量也随之覆盖全球。新媒体拥有非常多的优势，比如具备十分快捷的传播速度，能够让学生在很短的时间内掌握来自世界各地的海量信息。这对于学生来说是有积极意义的，一方面能够开阔学生的视野，增长学生的见识；另一方面还能培养学生独立思考的能力以及帮助学生提升正确判断事物的能力。

将新媒体技术应用于高职院校学生管理工作中是非常重要的举措，在一定程度上能够提升学生管理工作的效率，能够更加迅速和便捷地开展学生管理工作。在新媒体中蕴含着各种各样的知识，其中就包括海量的德育知识，学校通过新媒体技术可以对学生开展德育教育，将德育与思想政治教育相结合，使学生在无形之中受到德育的熏陶，引导学生形成正确的世界观、人生观和价值观。

挑战展开来讲就是新媒体以网络为信息载体，新媒体是学生获取自己想要的各种信息的主要载体，网络中的信息是海量的，信息质量良莠不齐，网络上的人鱼龙混杂，有些不法分子和居心叵测的人会隐匿于网络中，借互联网来传播不良的思想和非法言论。学生的人生观、价值观和世界观还不成熟，正处于稳定的关键时期，这些不良思想和非法言论容易给学生带来不利的影响，使学生的"三观"产生一定的动摇。新媒体领域的法律还尚未健全，在新媒体行业上，很多传统的行业和领域的法律都不适用，这就使得新媒体的网络成为一个"法外之地"。国家和组织在约束和监管新媒体网络时会产生比较大的压力。

个人在媒体网络上的网络行为，一般只能靠自身的道德观来约束。可以发现，新媒体上常常会出现不负责任的言论和言语中的冲突，网络中潜藏的人也有很深的戾气，也有很多人受到网络暴力的伤害。这些问题对学生的道德观和价值观产生了一定的冲击，这时就需要学生加强对网络的防护，使学生养成正确的观念，为学生创设良好的网络环境，引导学生形成良好的思想品格，为学生未来发展奠定基础。

## （二）新媒体在教学管理中的应用

新媒体以新技术为载体、以互动化为核心、以平台化为特色、以人性化为导向的特点而受到很多高职院校的青睐，在高职院校教学管理工作中体现出实用性、广泛性、便捷性的优势。

1. 新媒体下高职院校辅导员的工作

（1）新媒体下高职院校辅导员工作面临的挑战

随着新媒体时代的到来，人们传播信息和接受信息的速度都明显提升，信息交通的便捷性使高职院校辅导员的工作得到了快速的发展。另外，信息传播的渠道越来越多，打破了以往官方信息渠道和内容的权威性。高职院校学生的人生观、价值观和世界观正处于逐渐成熟的阶段，没有充分识别信息和判断信息正确与否的能力。新媒体的普及使得各种信息的传播更具随意性和无屏障性，这种情况给当前阶段高职院校的学生带来了一定的挑战。人们在新媒体网络上可以随意发表个人的言论，使得高职院校学生的管理工作越来越复杂，同时也给高职院校辅导员开展管理工作增加了一定的难度。

（2）新媒体下高职院校辅导员工作精细化管理的具体措施

① 要借助网络技术搭建起新媒体互动平台。传统的班级管理模式，辅导员为了更好地观察学生的表现，常常采用与学生面对面交流的方式。在新媒体应用于教学之后，更多的学生开始依靠新媒体平台，这种情况就需要辅导员充分利用新媒体的优势，逐步建立以精细化管理为基础的工作网络体系，为学生提供相应的帮助，解决学生在生活和学习中遇到的问题。工作网络体系的建立也有助于推动辅导员精细化管理的发展。高职院校的学生具有比较强的主体意识，辅导员可以充分分析学生的基本情况，建立 QQ 群和微信群，为学生创设丰富多样的活动。通过各种活动，能够加强与学生的沟通与交流，这样方便辅导员掌握学生的思想动态，引导学生增强自我认同感。还可以帮助学生树立正确的人生观和价值观，促使学生生成一种使命感。

② 要推动实行学校"区格化"的管理模式。高职院校要充分分析学生的学习、生活和心理状况，在符合实际工作情况的基础上，建立相应的数据库，再按照建立的数据库进行差异化的教学指导。高职院校利用新媒体技术平台整合和归档在校学生的所有数据，充分利用新媒体渠道与学生进行沟通与交流，分析和总结学生的心理需求，建立双向反馈，这样才能实现零距离交流。这种方式可以拉近辅导员与学生之间的距离，使学生更加信任辅导员，学生能够就自身存在的问题积极与辅导员进行沟通与交流。辅导员可以依靠学生的信任，帮助学生解决问题，提高自我管理的意识。

③ 可以运用新媒体平台加强对学生的教育。高职院校辅导员在进行精细化管理的过程中可以参考学生在入学时建立的信息数据库，逐步建立针对性的管理体系。管理体系包含比较丰富的内容，包括学业指导、生涯规划、就业指导与活动开展等内容。辅导员在管理学生时，不仅要关注学生的学习动态，还要关注学生的生活动态和精神动态，加强与学生的实时互动，及时了解学生的情况。比如在学生职业生涯规划中，可以引导学生认识自身的能力，了解自己的兴趣和职业兴趣，给学生充分讲解职业发展的前景，并在此基础上引导学生制

定最适合自己的职业生涯规划。鼓励学生深入研究自己的专业和爱好，积极参加校园实践活动，帮助学生提升各项能力，进一步提升学生的综合素质。

④ 通过班级信息化平台开展精细化管理。建立学生基础信息数据库是非常重要的，为辅导员开展精细化管理工作提供了便利条件。在开展学生管理的工作过程中，辅导员可以充分使用新媒体技术，建立学生数据信息管理系统。学生数据信息管理系统包含着学生各个方面的内容。根据学生的信息，辅导员可以对学生进行分类，以此对学生进行精细化管理。手机、计算机的频繁使用为辅导员的工作提供了更加便利的方式，辅导员不仅可以建立学生数据平台，还可以建立 QQ 群、微信群。为学生和教师之间互动与沟通提供平台，及时了解学生的心理状况。

2. 新媒体下高职院校的安全教育管理工作

现阶段，网络和信息技术发展得越来越快，使用手机和计算机的学生也越来越多，学生通过手机或者计算机可以进行网络游戏、购物或者网上贷款等，为学生的生活和学习提供了极大的方便。由此看来，新媒体已经发展成为学生日常生活中的重要组成部分。与此同时，新媒体也带来了一些问题，导致社会出现了诸如裸贷、网络暴力等恶性事件，影响了学生的安全和成长，也给高职院校的教育管理增加了难度。针对网络上层出不穷的恶性事件，高职院校教育管理部门应提高警惕，做好学生的教育管理工作，为学生提供安全教育，增强学生的防范意识。

（1）新媒体视阈下高职院校学生安全教育管理工作面临的挑战

① 安全教育模式方面的挑战。高职院校安全教育管理部门一般会采用班会授课的方式来进行安全教育，教师在前面讲解安全防护知识，学生被动地接受安全观念，这种教育模式是比较传统的，没有调动学生学习的积极性，使得学生很难从根本上认识到安全防护的重要性，所以这种安全教育的价值从整体上来说是比较低的，学生仍然容易受网络安全问题的影响。

网络上纵然有一些安全知识的推广和传播，在一定程度上有助于学生了解安全防护知识，但是这些安全网络防护知识的内容是比较复杂的，形式五花八门，观点良莠不齐。如果学生缺乏基本的信息识别能力和判断能力，就很难判断出这些安全知识是否是正确合法的。一些网络平台为了吸引流量，甚至会存在一些非法的内容，这些内容会冲击学生的价值观，造成非常不利的后果。这就需要高职院校在安全教育模式上进行创新，最大程度上增强学生的安全意识。

②安全教育内容方面的挑战。随着新媒体的应用越来越普及，信息传播的速度也越来越快，学生可以通过移动设备获取自己想要获取的知识，了解各种各样的信息，比如社交网站发布的个人信息、企业发布的商品促销活动信息等，这些信息充满了重大的安全风险。不良企业或者公司通过新媒体肆意投放虚假广告来宣传公司的产品，获取私利，甚至进行欺诈行为。高职院校的学生社会阅历不足、思维简单，容易被这些虚假信息所诱惑，产生严重的后果。

在进行安全教育管理的过程中，高职院校要帮助学生掌握辨别信息真假的能力，加强对虚假信息的监督和管理，使安全教育内容符合当前社会的实际情况，并且安全教育内容要及时更新，真正做到对学生进行安全教育。这也是高职院校全管理部门的重要职责。

③安全教育工作者面临的挑战。在现代教学环境下，不仅是安全教育的内容和模式发生了变化，高职院校安全教育管理人员的工作内容还需要进行相应的改进。无论是在安全教育管理的工作强度还是工作质量上，他们都面临着许多挑战。新媒体的开放性和便利性使学生容易受到网络虚假宣传、暴力和色情音像制品的冲击，严重影响高职院校学生的身心健康发展。

面对频发的校园安全问题，高职院校安全教育管理部门需要考虑一系列问题，包括如何有效利用新媒体技术推进安全教育，如何保护学生人身和财产安全不受犯罪分子的危害，如何科学合理地调整安全教育的内容和方式，以应对新的风险。同时，高职院校安全教育和管理工作者需要不断更新知识储备，学习新媒体技术，提高分析和解决问题的能力，以应对新媒体视阈下安全教育和管理的挑战。

（2）应对新媒体视阈下高职院校安全教育管理工作挑战的策略

新媒体时代的到来对高职院校学生的人身安全构成了一定的威胁，同时，也给高职院校的安全教育管理部门带来了各种挑战。学生的安全问题关系到学校的社会影响。因此，探索提高高职院校学生安全教育管理水平的有效途径已迫在眉睫。高职院校学生安全教育管理部门可以从以下几个方面加强对学生的安全教育，增强学生的安全意识，消除安全隐患。

①加强新媒体技术在安全教育管理工作中的应用。高职院校在对学生进行

安全教育管理时，应充分利用好信息技术和新媒体这两把双刃剑，管理部门可以在宣传校园安全知识的过程中，灵活地运用新媒体技术，把握新媒体技术的特点，研究新媒体的传播规律，推动学校安全教育管理工作有序进行。高职院校可通过以下两个方面来推进相关工作：

一方面，就高职院校目前的安全管理工作开展情况而言，安全教育的效果是非常不理想的，为了做好新媒体视阈下的安全教育工作，高职院校应制定完善的安全教育机制，为安全教育管理工作提供完备的制度依据，确保充分发挥新媒体技术在安全教育管理中的作用。

另一方面，学生在复杂的网络环境中容易上当受骗或者被误导和诱导的其中一个重要因素是，他们获取安全信息的渠道有限。为此，高职院校学生安全教育管理部门应该为学生提供信息服务，筛选正确的、科学的、合理的、符合学生需求的信息提供给学生。另外，高职院校安全教育工作者还应关注时事，研究当下热点信息和资讯，把握这些信息的方向，利用新媒体技术引导学生获取安全的信息。

②创新高职院校的安全教育模式。现阶段，高职院校采取的安全教育模式以"说教"为主，教学气氛相对沉闷，学生参与的积极性不高，学生对安全教育的重视程度不够。因此，高职院校的安全教育管理效果不佳。

为提高安全教育质量，高职院校可以采取多种教学模式，在教学过程中融入游戏或角色扮演，营造轻松愉快的氛围，激发学生学习的积极性，增强学生的参与性，使学生在潜移默化中吸收安全教育知识，增强安全意识。

例如，在网络诈骗案件教育过程中，教师可以将学生分为群众和网络诈骗者。给学生介绍一些典型的网络诈骗案例，让学生进模拟。当学生在现实生活中遇到同样的情况时，他们将能够理解一些欺诈的惯例和欺诈模式，能够明智地处理它，避免其危害。高职院校还可以组织安全教育知识竞赛，让学生在备战比赛的过程中充分吸收和理解安全知识。此外，学校还可以有效利用多媒体技术，以校园广播或视频直播的形式，向学生展示诈骗或其他恶性事件的案例，让学生深刻认识安全教育的重要性，提高应对安全问题的能力。

③将传统安全教育与新媒体传播模式结合起来。以往很长一段时间里，高职院校都采用传统的安全教育模式，即以教师授课为基础，学生被动地吸收相关专业知识，而新媒体传播模式则是依靠传播平台来传播信息，两者之

间既有区别又有联系。这两种安全教育模式在各自领域都有一定的优势，发挥了一定的作用。在传统模式下，教师对安全知识的专业掌握能力较强，能够控制安全教育的形势。新媒体传播模式新颖、传播效率高、受众广泛等优势，使安全教育的实施更加顺利。因此，高职院校可以将这两种模式结合起来开展安全教育，可以充分发挥两者的优势，弥补彼此的不足，使安全教育工作更有效率。

总而言之，在新媒体技术的推动下，高职院校的学生安全教育管理工作在内容上、模式上、形式上，以及工作人员的理念和水平上都需要进行改进和提高。要想做好安全教育管理工作，高职院校需要以坚定的信念面对这些新媒体给予我们的新挑战。同时，要合理地运用多媒体技术，探索提升安全教育管理工作效率的途径。安全教育管理工作者也需要积极提高自身的专业素养水平，创新安全教育管理的模式，鼓励学生积极参与到安全教育中，实现安全教育知识的有效传播。

（3）新媒体视阈下高职院校学生管理的工作新方法

① 利用新媒体技术开展德育工作。高职院校学生思想品德的培养关系到学生的未来发展，是管理工作的重中之重。新媒体蕴含着丰富的德育资源。新媒体在德育中的应用，能让学生眼前一亮，吸引他们的注意力，激发他们的学习兴趣，调动他们的积极性，使他们积极参与德育工作，使德育工作得以顺利开展，引导学生树立正确的人生观、品质观和发展观。例如，为了开展德育，培养学生的思想品德，班主任可以利用新媒体召开以"正确使用互联网，避免网络暴力"为主题的班会，用丰富的图片和文字向学生展示网络暴力对人的危害，吸引学生的注意力，使学生认识到网络暴力的危害性，以规范自己的行为，关注自己在网络上的言行，为根除网络暴力作出贡献。通过运用新媒体进行德育，使学生更直观地认识到良好的思想品德对自己和他人的重要性，引导学生形成良好的思想品德，促进学生综合素质的发展。

② 利用新媒体构建师生交流平台。通过新媒体，学生可以获得更多的知识，能够解开自己心中的疑惑。然而，新媒体为学生提供了一个更广阔的知识平台，但并不能帮助学生理解知识。学生只能自己理解和消化信息和知识，这给学生学习新知识造成了很大的障碍。学校可以利用新媒体为师生搭建一个信息交流平台，为学生的学习提供便利，让学生在遇到自己不理解的知识和问题时，可

以通过交流平台与其他学生进行交流和讨论，也可以直接让教师帮助解疑释惑，从而提高学生学习的效率，让学生在相互交流中共同成长。例如，学校可以让全校师生以班级为单位建立微信群，让学生在微信群中交流和讨论相关的学习问题，提高学生的学习效率；当学生遇到无法通过讨论解决的问题时，他们也可以向教师请教，无形中会打破师生之间的隔阂，使学生习惯于教师的存在，增进师生关系。

# 第二章　高职院校教育教学管理的逻辑内涵

教学管理是高职院校内部管理体系主要的、核心的组成部分，在高职院校的各项管理工作中处于重要地位，是高职院校治理体系和治理能力现代化建设的关键环节。本章主要从高职院校教育教学管理的特点与任务、高职院校教育教学管理的原则与规律、高职院校教育教学管理组织与管理制度三个角度对高职院校教育教学管理的逻辑内涵进行系统论述。

## 第一节　高职院校教育教学管理的特点与任务

### 一、高职院校教育教学管理的特点

根据高职院校实施的人才培养目标，可以发现其教育教学管理呈现如下特点。

#### （一）综合性

高职院校教学层次及形式呈现多样化特征，由此推动高职教育教学活动向综合化方向发展。此外，在既有的人力、物力及财力存在差异化的情况下，高职院校教学管理更具复杂性。职业院校教学管理与本科院校教学管理既具有共性之处，但同样又具有个性之处。相对本科院校而言，职业院校较为忽略对学科综合的教学管理，未能很好地顺应学科综合的教育教学管理趋势，这对职业院校来说需要及时改进调整。

### （二）连续性

高职院校注重实施素质养成教育，即以循序渐进的教学管理方式，保证学生能够获得相应的知识与能力素养。这就表明，高职院校教学及管理过程存在对应联系，呈现连续性特点。

### （三）系统性

教与学是构建高职教育教学管理系统的主要因素，教师的教与学生的学互为有机整体，存在系统联系特征。高职院校教学过程必然会发生教与学的良性互动，由此推动教学管理任务的顺利结合与实施。

### （四）能动性

教育教学管理过程存在主观意识方面的能动性特点，教育教学管理工作以调动教师和学生积极心理为衡量标准，一方面促使教师积极发挥教育心理，另一方面积极引导学生参与学习过程。教师既是教学管理主体，又是学生学习活动的组织者，作为指导者时属于管理者，发挥管理者的职能；而作为高职院校教学活动的执行者时，则属于管理对象，履行管理对象的职能。学生既是学校和教师的管理对象，又是自身学习活动的自我管理者；教师与学生无论是管理者还是管理对象，都具有主观能动性，彼此相互影响、相互促进。

### （五）动态性

教学管理涉及的每个环节都处于动态发展的环境中，如设计教学培养目标必须以顺应学生身心发展特征为依据，实施教学管理运行方案必须考虑院校基础教学条件，根据课程教学内容进度建立过程性和结果性教学质量评价体系等。教学管理者要在不断变化中总结和提高，使教学管理水平和质量呈螺旋式向上发展。

### （六）协同性

强调教学管理协同发展，是指在确保教学集体活动正常实施开展的情况下，发挥学生在集体活动中呈现的个性特征，实现良好互动发展。

### （七）教育性

教学管理人员通过合理制定管理制度，有效实施管理过程，奖惩分明，帮助学生实行自我教育、自我管理、自我服务的"三自"管理，达到育人的最终目的。

### （八）服务性

高职院校围绕育人工作构建教育教学管理目标，把促进学生身心发展作为中心工作，推动教师不断完善教学质量，增强课程服务意识。

## 二、高职院校教育教学管理的任务

在国家教育政策方针的引导下，高职院校遵循办学原则规划教育教学培养管理目标，综合利用已有的人力、物力、财力等设施条件，为教师教学和学生学习创设良好的环境，定期组织实施教育教学监督检查活动，保证教育教学管理实施质量，将教学管理活动作为工作任务出发点，围绕教育教学管理目的开展工作安排。高职院校教学管理强调培养高质量的合格人才，这是教育教学管理任务的中心所在。总体来说，高职院校实施的教育教学管理任务，是从全局的角度进行考虑的，具有综合性特征。在教育教学管理任务的统一规划安排下，高职院校需要依次确定各阶段的任务实施细则，具体可参照以下几点。

（1）以深化教学改革为核心内容，在明确办学定位和人才培养目标的基础上，围绕高职学生教育教学质量需求布局任务实施细则，并根据当前高职教育教学环境或形势，提出符合社会人才需求导向的教育教学管理方案。另外，职业教育教学管理经验丰富与否，关键在于能否及时学习优秀的人才培养模式，把握职业教育课程专业设置与人才培养定位的关系。只有明确当前高职教育教学管理存在的问题，才能不断完善教学改革质量。

（2）完善教育教学管理过程，最重要的是要提高教育教学管理人员自身素养。定期组织高职教育教学管理人员学习先进经验或理论，按照教育教学环节确立指导思想，使之符合教学管理规律和教育目标要求。

（3）教育教学管理规章制度，对高职教育教学管理过程十分重要。包括教学规律、教学大纲及教学计划在内，都需要遵循教育教学管理规章制度，按照相应要求完成各项教学工作。这是稳定教学秩序、优化教学环境的关键，可以促进教学效果的提升。

（4）积极引导高职教师发挥教学能动性，鼓励学生积极参与教学互动过程，增强高职学生的自觉性和主动性。

（5）建立科学合理的教育教学管理体系，这是开展教学管理质量评估的前提保障。该体系应由管理理论、管理方法和管理手段组成，开展评估过程中需要重点考查教学质量及教学目标实现程度，有效控制教学管理。

（6）妥善配置教育教学管理资源，如建设校内实训基地等，利用已有的教学资源条件，对教育教学过程实施综合管理。

（7）把握社会企业人才招聘需求，多方了解社会各行各业发展趋势或方向，根据高职院校人才教育质量培养方案，从中研究总结教学管理整改建议或意见，完善教育教学管理过程质量。

# 第二节　高职院校教育教学管理的原则与规律

## 一、高职院校教育教学管理的原则

高职院校教育教学管理规律及理论指导，是确立管理原则的依据或导向。高职院校教育教学管理原则包括以下几点。

### （一）方向性原则

把握高职院校教育教学管理方向，是现代高职院校深化教育教学质量改革的关键要求。在坚持以现代化方式高效实施教育教学管理的基础上，高职院校必须坚定"教育必须为社会主义服务，为人民服务"的方针不动摇，全面、综合培养"德、智、体、美、劳"素质型人才。按照《中共中央关于教育体制改革的决定》和《中共中央、国务院关于深化教育改革全面推进素质教育的决定》

指出的方向要求，高职院校需要健全教育教学管理模式，适应新时期我国经济和社会发展的目标、方向，坚持以"面向现代化，面向世界，面向未来"为指导，实施与社会主义教育方向相符的教育教学管理方式方法。总之，高职院校开展教育教学管理工作，必须坚持正确的政治方向，以坚定的共产主义世界观作为培养高职人才的引导，在满足社会主义现代化建设需求的基础上，不断造就大批有理想、有道德、有文化、有纪律的素质人才。

### （二）整体性原则

整合高职教育教学管理资源，并将之融入高职教育教学管理过程，以此引导或控制管理对象，保证高职教育教学获得最佳管理效应。要想实现该管理目标，最终应以坚持整体性原则为基础。也就是说，高职教育教学管理工作必须强化整体意识，既要从学校教育教学管理质量视角出发，又要从社会企业人才培养需求视角出发，系统、分层次地管理各个阶段或过程。学校教育不能脱离社会而独立存在，否则只会导致学校教育与社会发展之间的关系失衡，从而影响社会整体运转质量。作为评估高职院校综合质量的一部分，高职教育教学管理工作必须从整体角度出发，全面把握各种管理资源的运用手段，确保管理资源能够与管理对象有效结合。整体观念或全局意识，在现代高职教育教学管理过程中尤为重要，这是协调维系高职教育教学管理运转方向的关键。当然，强调整体性原则并非忽略局部要素的重要性，而是要在整体的基础上，系统处理内部资源配置，综合发挥各内部资源要素的作用，以此强化整体管理效果。

### （三）科学性原则

高职教育教学管理工作遵循科学指导原则，在符合高职教育教学管理规律的基础上，密切联系教育教学管理实际需求，从而使各项管理环节或流程处于正常有序运转状态。坚持科学性原则，需要遵循以下几点。

（1）作为高职院校教育教学管理人员，应该了解科学管理意识对强化管理工作质量的重要性。因此，必须形成良好的科学管理素质。

（2）科学完备的管理规章体系，可以有效推动各环节运转。

（3）明确权责分工制度，科学划定职责管理权限，由专业管理人员负责专业管理领域，充分发挥各管理人员的管理能力，保证教育教学管理质量迈向新的发展阶段。

### （四）教育性原则

教育性原则是指高职院校教育教学管理工作不仅要通过管理完成一般的工作任务，而且要十分注意高职院校各项工作对学生的教育作用。高职院校是培养人、教育人的场所，青年学生可塑性、模仿能力强，学校里的各种因素无时无刻不在影响着学生。所以高职院校的全体人员和全部工作都应当始终注意贯彻教育性原则。

（1）要求全校教职工都应注意自己思想行为的示范性。校长应是教职工的楷模，是学生学习的榜样，学校的其他领导干部和教职工都应当有高尚的道德品质和崇高的精神境界，应当在各个方面都堪称学生的表率。

（2）要求各项工作典范化。高职院校全体人员都应十分注意各项工作对学生的示范作用。各项工作都应严肃认真，一丝不苟；执行各种制度必须十分严格，不能徇私。

（3）要求学校设施规范化。一所学校如果校舍整洁、环境优美，可以使人心旷神怡、精神愉快，对于优化教育教学环境、净化学生心灵、陶冶师生员工的思想情操、振奋精神、丰富生活情趣，都有重要的意义。

### （五）高效性原则

贯彻高效性原则，要求管理者坚持正确的办学方向和目标，只有高等职业教育管理目标正确、工作效率高，才能取得高效益，在坚持正确办学方向的同时，管理者的每项具体决策必须科学合理，指挥得当。另外，为保证高职教育教学管理能够高效运转，需要妥善配置高职教育管理资源，为培养优秀的高职人才提供必要的资源支持，如物力资源、人力资源及财力资源等。各种有形资源是基础性保障，而各种无形资源（如时间资源、信息资源等），同样能够推动管理工作的顺利开展，为提高办学效益提供坚实的保障。

### （六）民主性原则

尊重学生主体地位、体现民主性原则，是高职院校实施现代化教育教学管理的必然要求。民主管理体现在师生关系平等方面，教师既是现代化教育教学管理的构成主体，又是引导学生积极参与教育教学管理活动的组织者，而要想最大化地激发学生的积极心理，就必须坚持民主管理，提倡学生自由发表教育教学管理意见或建议，并将之纳入优化高职教育教学管理细则。另外，在实行民主管理过程中，可充分引导其他管理人员参与其中，由此形成教育教学管理合力，深度落实教育教学管理方案。但需要注意的是，贯彻民主性原则应该与贯彻科学性原则相联系。

### （七）规范性原则

任何管理行为都需要遵循特定的规章制度，高职教育教学管理同样如此。这就表明，高职教育教学管理应该体现规范性原则，认真落实国家法律法规或相关政策要求。第一，开展教育教学管理关键是要遵循法规要求，这是落实规范性原则的根本体现，是保证管理活动规范化的重要条件。第二，教育法规集中体现国家针对教育实施细则的意志要求，成为高职实施现代化教育教学管理的基本依据。

### （八）综合性原则

高职教育教学管理过程处于协同运转状态，在系统调动教育教学管理内部因素的基础上，综合发挥教育教学管理外部因素的积极性。高职教育是学校教育系统的有机构成部分，高职教育涵盖综合性特征的组织或层次结构，各组织、层次之间相互对应联系，只有综合处理教育教学管理内外部因素的情况下，才能促使各种管理主体、管理对象、管理资源综合运行发展。

### （九）权变性原则

高职教育教学管理过程呈现动态发展趋势，由于管理主体、管理对象及管理资源存在差异性、多元化特征，开展高职教育教学管理活动需要因时而变，动态调节每种已知的和未知的变动情况，有针对性地确定和采取各种措施或方法，体现教育教学管理的适应性特征。

坚持权变性原则，要以能否针对动态发展趋势做出适应性调整为衡量标准，这考验着高职院校教育教学管理人员的职业素养。科学把握各项教育教学管理政策，按照整体、高效教育教学管理原则，对现存的教育教学管理问题进行优化解决，并建立管理工作行为准则，为其他高职院校教育教学管理人员提出有效的建议。规范高职教育教学管理人员管理尺度与标准，是坚持权变性原则的重要前提，同样也是维系教育教学管理质量的重要依据。现代社会充斥着各种难以评判的管理细则或标准，对高职院校教育教学管理人员而言，需要学会辨析合适的教育管理理念和手段，不应该排斥各种存在的教育教学管理模式。另外，为更好地吸收、学习先进教育教学管理经验，高职院校教育教学管理人员可以贯彻民主原则，体现管理决策的开放性和民主性，将各种已经凸显的管理弊端或问题交由学生集体讨论，认真权衡学生提出的管理意见或建议，这是落实权变性原则的关键途径之一。

## 二、高职院校教育教学管理的规律

总结经验，研究规律，是加强管理的根本途径。教学管理工作，一方面必须符合教学规律，与教学工作相适应；另一方面，作为一种上层建筑，教学管理工作又有它自己的规律性和相对的独立性。教学管理的规律性主要体现在以下三方面。

### （一）系统性规律

尊重高职教育教学管理系统性规律，就是要切合高职教育教学管理实际，系统规划高职教育教学管理资源，优化高职教育教学管理效益。在系统构建高职教育教学管理结构的基础条件下，需要合理区分教育教学管理主体与教育教学管理对象的关系，及时调节完善二者之间的协同效应，落实教育教学质量管理标准。协调组织好教与学两条线的融合与互动，发挥整体效应，使之对学生的成长、成才发挥整体优势。

同时，教学管理系统又是院校管理这个母系统中的一个子系统。它的工作不能离开高职院校中的其他子系统，如行政管理系统、思想管理系统、保障管理系统等。这些子系统共同构成了高职院校管理这个母系统，即教学管理工作单独列为"自成系统"，确保"自成系统"内部要素之间协同运转。另外，要注意其他子系统对母系统的支持程度，保证高职教育教学管理这个母系统能够高效实施。

### （二）周期性规律

教学和教学管理工作是一种周期性很强的工作。上至学校领导，下至每个具体的教学管理工作者，都在周而复始地进行一期接一期的工作。周期有长有短，最长是学制周期，还有学年、学期、课程的周期等。周期性工作的最大特点是规律性强。若教学管理工作者掌握了每个工作周期的特点和内容，就可以有步骤地总结经验、提高效率，不断推动教学管理工作前进。

周期性工作也要注意不断获取环境信息，防止因循守旧，故步自封。尤其要注意职业教育发展不同历史时期的特点，总结经验教训，不断改革创新。例如，高职教育发展进入新时代后，就应该认真总结借鉴国内外高职院校教育管理的成功经验，结合我国实际，建立有中国特色的教学管理模式。

### （三）适应性规律

教学管理的主要对象——教与学双方——都是有主观意志的活动主体，因此，教学管理工作必须充分考虑这个特点，适应各种随机性和规律性的变化。

适应性表现在加强针对性。无论是制订教学计划或是教学实施，都不能脱离各个时期的教与学对象的具体情况，因此，确定教学起点、制订教学计划等，都是教学管理中必须认真对待的问题。

适应性还表现在工作预见性上。要使学生既能学到坚实的文化基础和职业技能，又能及时了解当时的重要科技发展动态，使学生到工作岗位后，不仅能胜任当前的工作，而且具备下一步发展的基础条件，以适应高职学生可持续发展的需求，既立足现实，又放眼未来，使培养出来的学生能够跟上时代前进的步伐。

# 第三节　高职院校教育教学管理组织与管理制度

## 一、高职院校教育教学管理组织

### （一）我国高职院校现行的教学管理组织体系

改革开放以来，我国高职教育事业迅速发展，不仅表现在学校数量迅速增加，招生规模不断扩大，同时，也表现在高职教育机构的多样化。

多样化的高职教育机构形成了丰富多样的教学管理模式。围绕教学质量，高职院校的管理者不断探究教学管理新策略，形成了各具特色的教学管理组织体系：

一是以教务处为主体的教学管理组织体系，这是一种典型的中心式控制系统，具有较高的组织运作效率，有利于学校内部的标准化、规范化管理。其不足之处在于过于机械和同一化管理，不利于专业建设和专业群的个性化发展。

二是以专业（群）为主体的教学管理组织体系，以专业为核心的教学管理组织体系，主要表现为以二级学院（系、部）为中心的教学管理模式。这种组织体系以二级学院（系、部）为基本运作单位，能充分体现专业建设成果和专业群的个性化发展。高职院校采用以专业为核心的教学管理组织体系，其教务处的主要职能是协调、调控、监督和服务。

## （二）高职教学管理组织系统的改革创新

高职教学管理组织以顺应社会需求为主，落实就业导向管理机制，不断优化高职教学人才管理与培养质量。现代教学管理组织系统呈现明显的结构变化特征，除高职院校内部环境存在动态变化趋势外，与高职院校产生紧密联系的外部环境（社会企业），同样会影响高职教学管理组织系统结构调整方向。在协调高职教学管理组织内外部系统结构的情况下，可以不断强化高职人才培养质量，适应社会人才市场对职业技术人才的需求。应该明确的一点是，专业设置是高职教学管理组织内部系统关键构成要素，企业需求则是高职教学管理组织外部系统关键构成要素，高职院校教学管理人员要想处理好二者间的关系，就需要遵循以下几方面要求。

1. 主动面向市场，合理设置专业

建立人才供给与行业需求相匹配机制，关键是要遵循市场导向，密切关注市场用人需求变化趋势动态，合理优化高职学科专业设置，增强二者之间的联动关系，这是高职教学管理组织系统必须重点关注的内容。要想完善教学管理质量，就需要高职教学管理组织人员积极参与市场调研，参加符合高职办学目标和人才培养方向的指导会议。另外，组建专业评审团体分析高职院校专业设置方案。

所谓专业评审团体，是指高职专业建设指导委员会，主要负责对高职专业设置状况进行专业评估，综合权衡专业设置与市场发展需求的协同关系，以此确保高职人才培养质量，系统优化高职院校人才培养供给方向及配置情况。针对高职院校各专业学生实施教学管理时，可以按照岗位设置标准调整技术指导教学方案，构建对应的教学内容和课程体系，以此实现定向培养技能型人才的教学管理目标，提高学生的就业适应能力。

2. 依托实训基地，搭建就业平台

构建高职教学管理资源体系，必须强化对产业资源和企业资源的组织引导力。产业和企业为高职院校优化人才培养目标方案、设置学科专业方向，提供了明确的指导依据。高职院校教学管理组织人员要想提高教学管理质量，需要强化与产业、企业协同合作的意识，形成产学研一体化推进体系，以订单式人才培养模式为教学管理重点内容，优化高职教学管理改革进程，实现人才"产销平衡"。

对高职院校教学管理人员来说，社会资源为高职院校实施人才实训培养提供了支持。各种社会资源涵盖各种实训素材，成为优化高职学生顶岗实习质量的关键。当然，积极利用实训素材提高能力素养，必须要依托实训基地，提供可供学生实习的就业平台。

当前，各高职院校都会存在一定规模的校友会，这种无形的实习就业资源，为高职院校优化人才质量培养模式提供了选择方向，能够有效推动高职人才教学管理质量改革进程。

当然，除去与社会企业、校友会建立合作关系外，高职院校可以多方面联系行业专家亲临指导，组织学生积极参与实习就业心得讨论，提高学生们的就业适应能力，并为优化高职教学管理组织系统奠定必要基础。

3. 完善就业指导，提升就业质量

就业指导在高职教学管理组织工作中占据重要地位，如果就业指导层次级别较低、层面较为单一，那么反而会影响高职人才培养质量，降低学生适应就业市场的心理素质。完善就业指导工作，要避免"急于求成"现象的发生，系统把握学生对职业选择渠道、方法、信息与科学参照等方面的理解程度。另外，高职教学管理组织工作队伍需要强化就业指导意识，突出人本化教学管理效应，即尊重学生在就业选择方面的意见或建议，落实人才培养目标方案。

有效迎合市场就业环境，积极响应市场行业用人需求，这是高职教学管理组织系统改革创新的重点。构建就业指导服务系统，首先需要兼顾高职院校学生与社会企业之间的利益关系，合理配置决策层、管理层、执行层和操作层的人员比例，形成体系化组织运作模式，使就业指导服务系统呈现纵深化发展特征。

## 二、高职院校教育教学管理制度

高职教育正在迎来快速发展的阶段，已成为高等教育体系重要组成部分。但是，高职教育却也正在迎接未知的压力和挑战。在社会经济转型升级的背景下，我国高职院校承担着为社会输送高素质技术技能人才的目标及职责，高职教育必须为社会经济发展服务。因此，高职院校需要根据社会经济发展形势及人民期盼，逐步调整教育教学管理制度，切实保障教育教学管理水平，提升高职人才培养教育的质量。

### （一）高职院校制度建设的重要性

1. 制度建设是高职院校和谐发展的根本所在

推进制度建设是党和国家的根本要求，任何行业领域都需要以法纪法规和制度建设作为运转保障。党的十八大以来，确立了以"推进制度建设"为指导思想的工作原则。这表明，要使领导制度、组织制度能够长期稳定运转，就要不断推行制度建设，只有解决制度建设问题，才能切实解决工作思想问题。高职院校和谐发展的根本，是加强并推进制度建设，建立健全高职院校制度管理机制，实现作风建设的制度规范化。

确保能够长期稳定推进制度建设，就要从全局性角度思考问题，这是高职院校完善制度管理机制的基本原则。对高职院校教育教学工作人员来说，推进制度建设是根本职责所在。长期的教育教学实践表明，学校教育教学管理体系有序运转的关键，在于能否长期稳定推进制度建设，以健全的约束管理机制确保教育教学工作健康发展。同样，评价制度建设质量的关键要素，是能否充分执行各项规章制度。从这一方面来说，人与制度相互影响、相互制约。制度建设以制度创新为保障，固有的制度和机制难以适应新的教育内涵建设需求，要在坚持推进制度建设的基础上，强化制度创新执行能力。

高职院校制度建设以师生和学校为参照对象，内容涉及学习生活的各个方面，这成为高职院校开展教育教学管理工作的重要课题。制度建设具有能动作用，即能动地改造人的主观世界。具体分析，推进制度建设可以引导目标对象形成正确的价值追求，强化目标对象的思维导向意识，产生合理的行为选择。另外，推进制度建设可以有效规范目标对象的心理活动行为，无论是教师、学生，还是管理人员，都必须围绕制度开展工作。长期推进制度建设，使目标对象能够自觉地产生一种行为机制，这正是制度建设的价值意义所在。建立健全制度管理体系，对高职院校推进现代教育教学管理需求具有积极作用，有助于引导高职院校学生形成真、善、美的健康人格，树立正确的人生价值观念。坚持推进制度建设和完善制度执行环境，成为高职院校和谐发展的根本要求。

2. 制度建设是高职院校科学管理的依据所在

制度是维系现代社会有序运转的关键，围绕制度建设施行各项管理活动，有助于引导社会组织或团体成员建立正确的导向观念，以此确立长期稳定的社会规范体系。任何社会组织要想长期存在和发展壮大，就应该首先推进制度建设，以此作为规范和制约组织成员的条件。不管是国家、社会，还是各类学校组织，都需要持续推进制度建设。制度的根本特征具有以下几点。

一是制约特征。制度为管理对象提出相对明确的行为规范或准则，这也是制度与道德产生区别的关键所在，即制度更能体现科学、严格的程序和规章。

二是强制特征。管理对象必须围绕制度要求开展行为活动，一旦出现超越制度要求范围之外的行为活动，都会受到相应的惩罚。制度具有的强制性特征，为制约管理对象的行为活动提供了必要的支持及保障。

三是明确特征。推进制度建设，首先会对管理对象的权利和义务提出明确要求，管理对象需要严格遵守各项行为规范，按照明确提出的要求开展实践操作。

四是稳定特征。制度建设首先需要经过科学、严格的程序流程，然后才能推行。而一旦确立推进制度要求后，就会形成长期稳定性。任何组织或个人不得随意修改制度内容，并且要求保证遵守制度修改程序流程，这同样是制度得以长期稳定推进的关键所在。

建立健全制度执行与管理体系，首先要明确制度细则或内容，然后确定制度执行的程序流程，最关键的是要坚持公平原则。高职院校要想科学管理目标对象，就应该完善内部制度建设机制，以高效的制度推进能力强化管理水平或质量。

### 3. 制度建设是高职院校依法治校的基础所在

高职院校教育教学管理活动需要遵循制度规章要求，在特定的制度规章框架内维护管理主体及管理对象的利益需求。推进制度建设，为高职院校实行依法治校提供了坚实的保障，高职院校必须要建立健全制度管理体系。从强化高职人才培养质量角度而言，加强高职院校制度管理建设，应该成为教育教学工作的首要任务，在确定保障教师和学生各项利益需求的基础上，推进制度执行力度和保障力度。应该明确的一点是，高职院校要想实现依法治校，就必须围绕制度建设开展管理工作，并充分考虑教师和学生提出的制度建设意见，彰显高职院校制度建设的民主性、科学性原则，保护师生权益。

强化高职院校制度建设标准，要从五方面进行考虑。第一，要确保高职院校制度建设的合法性。也就是说，高职院校制度建设需要在国家法律框架内进行，不能凌驾于国家法律体系之上，不能产生违背国家法律要求的内容。第二，要确保高职院校制度建设的合理性。所谓合理性，是指高职院校推进制度建设，需要遵循科学的程序或者流程，在法律授权内做出合理规定。第三，需要确保高职院校制度建设的统一性。统一高职院校制度建设规范，统一高职院校制度执行流程或程序，从学校角度考虑高职院校制度建设与执行的科学性。第四，系统推进高职院校制度建设。加强对高职院校制度建设管理规范的基础上，要坚持程序正当的原则，保证各项制度管理规范科学化、公开化，不能产生遗漏等现象，避免出现无序管理或随意管理的行为，确保制度建设与执行的系统性。第五，保证制度建设与执行长期稳定，这样才能强化高职院校制度的权威性。

作为高职院校教育教学管理者，需要考虑制度建设本身存在的复杂性特征。制度建设关乎高职院校教育教学管理水平，如果不能系统推进制度建设、加强执行力度，那么最终只会影响高职院校的社会声誉。所以，高职院校要强化制度建设与执行力度，构建权威有效的制度管理体系。从联系性方面分析，制度建设与制度执行是相互依存的，制度建设为制度执行提供前提性保障，而制度执行则是检验制度建设质量的关键所在。制度执行力度不够，制度建设的权威性也就下降，制度本身也就不存在实际意义。这表明，高职院校应将教育教学管理制度建设作为长期性的系统工程，从全局性和整体性角度考虑，不断完善高职教育教学管理制度内容和形式，按照社会形势发展要求和学生身心特点变化，推进制度建设的科学化、公开化，努力实现制度建设与校风、学风、思想作风、工作作风等相结合、相统一。

### （二）高职院校教学管理制度建设方向

新兴职业领域的发展，要求培养适应职业发展需求的技能人才，这是高职院校产生的背景因素之一。强化职业技能人才培养导向意识，成为决定高职院校生存发展质量的关键所在。高职教育方向与本科教育方向存在特定差异，高职院校应该明确办学定位、办学特色，将之作为推进教育管理制度建设的依据。同时，要积极适应社会职业领域发展需求，为高职院校学生提供多元化的教育实践路径，建立具有职业教育特色的人才培养教育模式，推动高职院校教学管理制度建设走向现代化。

1. 建立灵活多变的专业设置和调整制度

（1）建立专业社会调查制度

针对职业领域需求展开社会调查，这是高职院校优化人才培养体系的前提要求。专业社会调查制度，以高职学科专业师生为实施主体，高职学科专业教师需要充分利用课余时间，引导学生深入社会企事业单位进行走访调查，使学生能够充分了解社会职业领域用人需求或标准，强化职业技能理论学习与实践操作相统一的意识。另外，高职学科专业教师可以根据市场用人导向调整课程教学计划，及时汲取先进教学理论经验，保证学科专业课程教学的科学性，自觉完善职业技能教育教学素养，构建"双师型"职业教育队伍体系。

（2）建立按职业方向分流的培养制度

完善高职学生就业分配机制，是现代高职院校教育教学管理工作的内容之一。在坚持实施以就业为导向的基础上，高职院校教育教学管理人员应该适时调整课程专业设置，形成以按职业方向强化人才分流的教学培养制度，体现高职教育人才培养特色，以此满足市场行业用人需求标准，提高学生的就业竞争适应能力。

（3）建立学生自由选择职业方向制度

现代高职教育充分尊重学生身心发展个性，在遵循职业院校教学规律的基础上，逐步建立学生自由选择职业方向的管理制度。具体来说，现代高职院校应积极围绕学生身心发展个性开展教学，一方面不断优化学科专业课程设置；另一方面提供多元化的职业实训选择路径，满足高职学生的就业需求。为强化高职学生职业技能理论应用能力，现代高职院校可以建立多种评价体系，推动高职学生形成职业证书考核意识，在解决高职学生职业技术训练问题的同时，强化学生就业本领。

2. 建立因材施教的教学改革制度

现代教学改革趋向培养综合型学生，以广泛开展教育实践为指导，力争突出现代教学特色，追求教育目标的最大化。高职院校重在培养职业技能型人才，将传授职业技能理论知识作为教学基础，通过多元化实践方式提高学生的应用能力。合理分析高职学生身心发展特点，这是深化职业教育改革的关键所在，也是建立高职院校因材施教制度的主要依据。尊重学生职业就业导向，增强学生职业技能本领，在完善现代高职院校教育教学管理制度中发挥着重要作用。

（1）正视学生的基础差异，实施分班教学制度

高职院校学生来源较为广泛，但主要包括普通高中毕业生和中职毕业生两类。不同类别的毕业生拥有不同程度的文化基础，所掌握的专业技能也会存在较大差异。在综合分析学生学习特点的情况下，实施分班教学制度，可以有效提高职业课程教学效率，扩大职业课程内容教学普及范围和水平，强化学生对职业课程教学的认知能力。

（2）对难度大课程采取课程小型化改造制度

实施课程结构教学改革，旨在优化课程知识点传播力度，让学生能够综合掌握课程知识点。同样，高职院校可以采取课程小型化改造制度，以分阶段、分层次的形式为学生讲解课程知识点，力求确保每位学生都能跟上课程教学进度，从而达到高职课程教学质量要求。推动职业教育课程建设，应该完善基础资源、优化教学方式方法，综合各方面因素选择高职课程教材，并确立相应的教学方式方法。一般来说，现代高职院校学科专业教师，会普遍采用"问题+案例分析"的教学方法，并结合网络信息技术开展技能知识讲解，这样可以将重

难点知识加以分解、重构，提高学生理解能力。

（3）对专业核心课程实施小班教学制度

在高职扩招的背景下，高职院校生源呈分众化趋势，这会进一步加剧学校师资配置难度。尤其需要注意的是，各类规模职业院校存在生源质量差异的现象，在职业院校师资力量有限的情况下，难免会产生诸如教学效果不理想等问题。因此，高职院校需要考虑实施分班教学制度，在综合控制班级教学人数的基础上，优化学科专业课程教学内容，确保有限的师资力量能够得到合理配置。另外，要加强对专业核心课程的重视，依托现有的教学条件，力求培养高素质技能型人才。

3. 建立突出定位的课程设置和技能培养制度

现代教育注重优化教学模式，突出课程内容教学特色。推动建立现代化高职院校教学管理制度，需要围绕高职办学目标、办学宗旨等方面进行，强化"以人为本"的职业教育导向，完善知识结构、能力结构、素质结构等体系建设，深化高职院校人才培养质量改革。高职院校学科专业课程设置与高职教育培养目标存在联系，在推动职业教育课程设置优化的基础上，可以系统完善职业技能培养体系，根据社会企事业单位用人需求调整课程设置方向。同时，突出职业技能教育的实践化特征，强调职业技能理论与实践的结合，发展综合型职业技能人才。总之，构建现代化职业院校教育管理体系，是适应高职人才培养定位目标的体现。

评价高职技能培养任务完成效果，以学生是否具备动手实践操作能力为关键指标。一般而言，学生主要通过参加校外职业技能实践活动，强化个人职业技能理论知识应用素养，但由于缺乏校外职业技能实践机会，学生也就难以有效提升职业技能素养。相对校外职业技能实践活动，学生参与校内职业技能实践活动的机会较多，部分高职院校每学期会组织学生进行综合技能培训，但是尚未建立有效的评价反馈机制。基于此种现状，高职院校教学管理人员需要优化课程设置体系，为学科专业教师提供较为灵活、充足的教学时间，以此有效发挥理论教学与实践教学衔接效果。另外，应该合理安排校外职业技能实践课程，引导高职院校师生共同参与校外职业技能培训，通过与企业建立校外实训基地，增加与企业共同培养职业技能人才的机会，完善校内教学与校外实训组织形式。为保证每位学生都能获得参与校外技能实训的机会，教师可以预先掌握学生学习特点，按照学生个人职业意向合理分配实训机会。

### （三）高职院校教学管理制度创新

管理制度为管理对象提出明确的行为准则规范，良好的管理制度可以充分发挥管理对象的身心特点，起到积极的助推作用。反之，则会抑制管理对象的思维发展，起到消极的阻碍作用。高职院校推进教学管理制度创新建设，是对原有教学管理制度的分解与重构，旨在形成一种适应外部环境的教学管理方式方法。高职院校可以参照以下几点创新内容。

1. 构建高职院校的法人治理制度

现代职业教育办学方向逐渐朝市场靠拢，根据市场行业用人需求自主优化办学体制或机制。根据现有的法律及法规，高职院校可以拥有自主决定办学行为的权力，但需要明确办学责任。例如，《中华人民共和国高等教育法》（以下简称《高等教育法》），就对高校办学的相关自主权利做出明确规定。但是，就目前我国高职院校办学体制来分析，完全实现依法自主办学的局面尚未形成，究其原因是缺少法人实体，高职院校法人面临无责无权的"虚位"困境。在此背景下，形成职业教育办学特色、发挥职业教育人才培养优势，对高职院校而言会有一定难度。要想解决这一现状，就应该着力构建高职院校的法人治理制度，重点解决传统高校存在的"三权（举办权、管理权、办学权）合一"问题，不断深化高职院校办学体制改革，明确高职院校自主办学责任与义务。总之，法人治理制度应成为现代高职院校教学管理制度的重点工作。

2. 构建学校运作的社会参与制度

高等职业教育作为高等教育体系的组成部分，承担着为市场用人单位输送职业技能人才的职责。随着学校教育与市场经济的联系日益加深，高职院校教学管理体系更加呈现出市场运作的特点。因此，创新高职院校教学管理制度，需要构建由学校运作的社会参与制度，形成以"多元主体需求联动"为主的工作模式。由于市场经济导向的增强，在对有关教育问题实施决策听证和咨询的基础上，为确保学校教学管理运作的稳定性，高职院校办学主体会增加行政听证制度，让办学主体单位、用人单位、学生家长及校方教师共同参与其中，以妥善解决学生就业问题。

3. 创新师资建设和管理制度

当前，开展师资队伍建设与管理工作，已成为高职院校实现组织目标的关键环节。高职院校学科专业教师综合素养的高低，会决定学科专业人才培养质量的高低，当前部分高职院校教师队伍存在"二元结构"弊端，即重视职业技能理论教学、忽略职业技能实践教学指导，这会增加职业技能型人才培养的难度。针对此种现状，我国教育部门曾多次强调建设"双师型"队伍，要求包括高职院校在内的高等院校，尽快完善高等教育人才培养体系，强化学生的理论基础素养与核心实践素养。因此，高职院校实施教学管理制度创新，应该重视学科专业师资建设与管理工作，综合开展"双师型"队伍建设体系，不断优化高职人才培养质量。

4. 构建可选择性的学习制度

充分尊重学生的主体地位，是现代教育学界共同持有的观点。高等职业院校重在培养职业技能型人才，而要实现此种人才培养目标，需要充分发挥学生的动手操作意识，赋予学生更多的学习选择权，由学生自主选择职业方向，自主参与职业技能实践。当然，高职院校需要确保学生能够形成正确的自主择业观，通过实施专业管理制度调配，打造复合型和贯通型人才。目前，学生跨专业、跨系学习或者转专业、转系的现象早已成为普遍现象，从中可以看出我国高等教育发展日趋成熟。作为高等教育体系的组成部分，高等职业教育应该建立符合办学特色的专业管理制度，明确必修课程与选修课程各自的教学任务，根据职业院校学生的学习特点和学习需求，设置各种形式的特色职业教育课程，形成弹性的学习制度。

5. 构建学术研究机构及其管理制度

在长期的实践发展历程中，高等职业教育依托自身的理论指导，形成一种独立的教育类型。由于社会经济发展的需要，高等职业院校逐渐形成多元化的人才培养观念，并且随着高等教育结构的调整，在高等教育大众化战略实施的背景下，高等职业教育逐渐获得大规模的发展，职业院校学生拥有更多的选择权利，如专业选择、课程选择等。但是，高等职业教育仍在理论体系构建方面存在不足，尤其是关于理论与实践结合的问题。高等职业院校教学管理人员需要加强对此方面问题的研究，探索高等职业教育理论与实践相结合的路径。当前，关于职业教育领域的学术研究逐渐增多，高等职业院校可以据此成立学术研究机构，通过建立健全学术研究管理制度，推动高职学术研究朝着制度化、规范化的方向发展。此外，高职教学管理人员需要遵守国家政策规定，为学术研究机构给予必要性的经费支持和保障。着力解决学术研究机构后续的发展问题，持续推动高等职业教育向着高质量方向发展，这也是高职院校稳定发展的内在逻辑要求。

# 第三章 高职院校教育教学的具体内容

本章主要就高职院校教育教学的具体内容展开论述，分别从高职院校教学综合管理、高职院校专业与课程建设管理、高职院校实践教学管理、高职院校教学质量管理、高职院校教师与学生管理、高职院校校园文化管理六个方面展开。

## 第一节 高职院校教学综合管理

2019 年 3 月 18 日，习近平总书记在主持召开学校思想政治理论课教师座谈会上强调："新时代贯彻党的教育方针，要坚持马克思主义指导地位，贯彻习近平新时代中国特色社会主义思想，坚持社会主义办学方向，落实立德树人的根本任务，坚持教育为人民服务、为中国共产党治国理政服务、为巩固和发展中国特色社会主义制度服务、为改革开放和社会主义现代化建设服务，扎根中国大地办教育，同生产劳动和社会实践相结合，加快推进教育现代化，建设教育强国，办好人民满意的教育，努力培养担当民族复兴大任的时代新人，培养德智体美劳全面发展的社会主义建设者和接班人。"这一指示科学精辟地解决了"培养什么人、怎样培养人、为谁培养人"这个根本问题。高职院校肩负着培养面向生产、建设、服务和管理第一线需要的高素质技术技能人才的使命，必须紧紧围绕"培养什么人、怎样培养人、为谁培养人"来推进教育管理实践。高职院校管理工作涉及各个方面，但居于核心地位的教学管理，在落实党的教育方针中起着重要的作用。

## 一、教学综合管理的基本要素

### （一）教学管理主体

高职院校教学管理活动呈现多元复杂的结构特点，各环节、各层级相互联系、相互影响。这也就说明，高职院校教学管理主体是由多个部分组成。如果按照教学管理层次来划分，那么高职院校教学管理主体包括课程教学管理主体、学科专业教学管理主体、学校教学管理主体。其中，在课程教学管理主体中，教师成为教学活动的直接管理者，教研室主任则围绕教师群体开展间接管理工作，学生是教师和教研室主任的管理对象。在学科专业教学管理主体中，主要包括二级学院院长、分管教学副主任、教学秘书等辅助管理人员。在学校教学管理主体中，院长负责整个院校的综合管理工作，而分管院长及教学职能部门管理人员，主要协助院长进行日常的事务管理。除以上三类教学管理主体外，由学生自发组成的教学管理组织，包括各层级班委会、学生会和各类型学生社团，同样成为院校教学管理的重要一环，其作用同样不容忽视。

### （二）教学管理客体

高职院校教学管理客体，是指高职院校教学管理目标或对象，通常是围绕教学活动进行。

通常而言，教学活动需要由师生共同参与其中。而针对教学活动开展的教学管理，实际上就是对师生共同参与过程的管理，但教师是教学管理主体之一，除去对教师教学过程实施管理外，还会对教师职业评价、培训等进行管理。学生是教学管理的主要对象，学生学习过程会受到学科专业教师的监督与评价，并且学生日常的生活作息、安全行为等，同样会成为管理的一部分。

针对教学活动实施教学管理时，除考虑教师教学与学生学习这两方面因素外，还会对教学活动中介入的教学资源进行规划，包括教学基础设施工具、课程教学资源、教学基础数据库、教学运作经费等，这些软、硬件教学资源，都会被纳入教学管理内容。

　　教学管理人员实施的学科专业课程建设、教师围绕教学目标制订的教学计划、课程教学素材的搜集与整合、课程教学内容讲授、课程教学考核与评价等，都是教学活动必须经历的环节。这表明，教学管理过程会呈现一定程度的复杂特点，管理内容多样且存在变化。由课程教学到学科专业教学再到学校教学，教学管理活动层层递进且相互统一。完整的教学活动过程，需要体现各种要素、各个环节与各个层面的相互协调，在未能遵循教学规律的前提下实施教学活动，最终只会给教学管理带来负面影响。因此，无论是在课程层面、教研室层面，还是在二级学院层面、院校层面，都应该主动围绕教学过程进行管理，对教学资源配置、教学环节组织及教学管理权限进行分配优化。

### （三）教学管理目标

　　针对教学管理活动设定预期的目标，这是教学管理者进行教学管理活动的首要前提。目标是行动的先导，教学管理目标引导和制约着教学管理者的行为，并给教学管理者提供明确的方向。教学管理目标与教学管理实际产生的偏差，成为教学管理评价的参照依据。因此，依托教学管理目标实施教学管理活动，会使教学管理过程更富有意义，从而有效提升教学管理评价的实效性。教学管理目标内部结构要素，由一个总目标和下设多个子目标组成，总目标发挥着统领作用，子目标围绕总目标实施，并以阶段性的形式存在。另外，教学管理目标还可分为短期目标与长期目标、宏观目标与微观目标等类型。对教学管理主体人员来说，实施教学管理活动过程中，需要详细设定教学管理目标，并要保证教学管理目标内部结构要素相互关联，形成一个有机整体。

### （四）教学管理手段

　　按照已有的教学管理目标，教学管理主体在对教学管理客体施加作用时，会借助各种形式或类型的教学管理手段。也就是说，教学管理手段是整个教学管理过程不可或缺的要素。常见的教学管理手段包括三类：一是对教学管理信息进行搜集、整合与分析的手段；二是强制性手段；三是激励或惩罚手段。

## 二、高职院校教学综合管理方法

### （一）过程管理法

过程管理法（Process Management），是通过不断优化操作过程、提高效率等手段，以解决目标问题的方法。这种方法的主要工作过程必须与预先设计的目标和任务一致。在高职院校中，每个部门就是一个相对独立的系统，有各自的职能和责任，但其中有些职能和责任是重合的、跨部门的（如招生的过程、教学计划实施的过程、教学辅助过程、考试过程等），需要进行跨部门合作。

1. 传统教学过程管理的划分

传统高职教育教学管理过程划分为以下六个阶段：

第一阶段：招生过程的质量管理，把好招生质量关，搞好招生宣传、录取、新生全面复审等工作。

第二阶段：教学计划实施过程管理，主要是教学计划的制订和分步实施。

第三阶段：教学过程的质量管理，主要是把好教学过程各环节的质量关。

第四阶段：教学辅助过程管理，主要是提供充足的图书资料，提高计算机辅助教学、电化教育、仪器设备、体育场馆、多功能教室水平和教学管理人员的服务质量。

第五阶段：实行科学化考试管理，主要是建立科学的考试工作程序和制度，严格规范考试过程管理，进行必要的试卷分析，做好考试和授课工作总结。

第六阶段：实行毕业生质量跟踪调查制度。

上述划分实际上是典型的产品质量观的反映，其基本前提是视学生为高职院校的"产品"，并将学校的招生、培养、就业服务与企业材料的采购、生产、销售进行类比，划分方法带有明显的产品质量管理观痕迹。

2. 教学过程管理原则

（1）遵循规律原则

教学过程管理以递进式的方式进行，在形成连续性的管理运转周期的情况下，促使各项活动能够有机结合、相互联系。教学过程管理规律是客观的，同时又会出现必然性和重复性特征。坚持遵循规律原则，可以有效推进教学过程管理效率，优化教学过程管理反馈信息回路。为确保教学过程管理统一协调，需要合理调配教学管理系统，促进教学管理系统各环节高效运转，而要实现此目标，就必须遵循规律原则，实现分工管理。

（2）层次管理原则

教学管理系统具有明显的层级特征，坚持层次管理原则，就是要对教学管理系统内部层级进行划分，实现分层次科学管理。现代高职院校教学管理注重科学性，而作为系统论的重要概念，层次管理原则符合现代高职院校教学管理的要求。教学过程管理的层次性，体现在对教学管理系统的划分上，教学管理系统包括学校、教务处、二级学院、教研室和各年级教学班，不同层次的教学管理系统会负责相应的教学管理任务。在层次职责分工明确的前提下，高职院校教学管理运转效率会得到明显提升，这应该成为高职院校教学管理主体需要遵循的原则。

教务处是高职院校教学管理主体之一，由教务处负责向各层级管理主体分发管理信息，并根据预定的教学管理目标定期检查执行情况，如果在教学过程管理期间出现问题反馈，教务处会协调各层级管理主体进行合作，以此来维持正常的教学秩序。教务处下辖的管理主体，负责向同级之间传递管理信息，保持沟通协调统一。

层次管理原则强调上下级的分属关系，即上一层次级只能接管所属的下一层次级，并且下一层次级需要对所属的上一层次级负责。在层次管理原则的推动下，高职院校教学过程管理不会出现超越职权范围的情况，各层次管理系统会独立完成本职权范围的任务。高职院校各层次管理系统需要放开管理权，鼓励所属下级系统按照自有的方式处理问题，充分发挥所属下级系统的聪明才智，不要过多干预所属下级系统，否则只会影响所属下级系统的积极性，难以形成高效率运转模式，最终降低高职院校教学过程管理的实效性。现代教学管理之所以提倡坚持层次管理原则，是因为该原则具备科学性特征，能够确保现代教学管理效率。对现代高职院校教学管理人员来说，形成以学院领导为首的教学指挥中心，按照分层级的管理模式，构建职能明确、管理有效的教学管理系统，应成为当前主要任务。

（3）控制职能原则

高职院校教学过程管理是在遵循预定目标基础上进行的，通过控制教学过程管理活动，可以有效实现预定教学管理目标。在对一项教学过程管理活动施加控制前，必须以预定的教学管理目标作为行动导向，并且要选择对应的教学管理组织，根据层次管理原则，控制教学管理组织层次，使内部管理人员能够规范自身行为，形成良好的控制效果。教学过程管理信息，为控制教学过程管理活动提供了有效支撑，各种类别的信息可以让控制更加具有灵活性，确保控制结果符合客观管理要求。具体来说，针对教学过程进行管理控制，首先要明确控制标准，然后再按照已有的管理目标搜集相关信息，再对信息进行筛选整合，形成信息反馈，最后要求管理组织对其进行控制调整。

针对教学过程管理实施的控制类型，包括预先控制、现场控制和成果控制。其中，预先控制就是预先制订目标计划，由此确保整个教学过程管理控制能够顺利开展，避免出现管理资源浪费的现象。现场控制就是根据实时管理进展调整控制方式，通常会以现场观察的形式存在，这会提高管理效率。成果控制就是借鉴其他教学过程管理成果，将之作为自身教学过程管理的行为依据，也被称为事后控制。

教学过程管理的控制方法有：① 整分合法也称统分法。整，即整体、统一；分，即分解、分权；合，即综合、集中。其含义是各在其位、各司其职、各行其责、奖勤罚懒。"育人任务，人人有责"，任务分解，目标统一。② 负反馈调节法。"反馈"是一种控制现象，是控制系统中心将指令运行的结果再输入到该系统中，作为一种新的信号返回传入，控制中心进行进一步调节的方法。建立教学汇报制度、检查制度，各二级学院（系、部）教学秘书负责反馈工作。③ 共轭控制法。共轭控制法是一种通过工具扩大人的控制能力，使之将不能直接控制的对象和过程变成可控制的方法，其特点是通过工具间接控制对象。如曹冲称象就是一种典型的共轭控制方法。规模越大的高职院校越要实施间接控制，通过规章制度、信息传递来控制教学。④ "黑箱"方法。"黑箱"也称暗盒，指人们有时不能了解某一系统的结构和机理，只能依据对其外部观测和实验的结果来认识它的功能和特性。如学生学业成绩差，通过观测、实验、信息输入输出研究，了解其功能和特性，采取措施，控制不及格现象。⑤ "例外"管理法。相对"例内"而言，"例外"管理法是管理规范中未被纳入的偶发事件。这一管理法的要求是重视常规工作，同时，关注非常规的偶发管理活动，要求管理者有创新和开拓精神，这样才能顺利实现管理目标。

3. 教学过程管理方法

（1）建立教学规章制度

为确保教学过程管理目标得以顺利推进，高职院校教学管理系统需要明确教学规章制度细则，并要求各层级管理主体及管理对象严格遵守。当然，要想使教学规章制度更具科学性、合理性，就必须广泛开展实际调研活动，从中搜集符合管理意愿的规章制度信息内容。科学合理的教学规章制度是维护教学秩序的关键，虽然人是教学规章制度制定的主体，但是在教学规章制度实施过程中，不能随意进行篡改，不能将个人意志强加于教学规章制度之上。从本质上来讲，建立教学规章制度是为实现依法治校、依法治教做铺垫的，这是整治校风、学风的根本所在。总体而言，建立教学规章制度，需要体现目的性、政策性、科学性、民主性、教育性和可行性等原则，合理划分校外教学规章制度和内部教学规章制度。

高职院校规章制度至少应包括以下几项内容：① 岗位责任制。岗位责任制是对教学工作实行定员、定额、定质、定量和定时间的制度，包括岗位的职责，为完成专责的工作与方法，要求有标准，人人有岗位，事事有负责。② 管理工作制度。管理工作制度是管理过程中重要环节的规范要求，对教学活动的正常开展起着重要的保证和控制作用，如《关于教师教学工作的若干规定》等。③ 考核奖惩制度。考核奖惩制度是对考核结果给予肯定或否定的评价制度，是岗位负责者必须承担的履行职责后果的制度，是对考评加以强化的措施。论功行赏，论过施罚，是奖惩制度的一条基本原则。没有奖惩就没有责任制；有了奖惩，才能体现管理法规的严肃性和有效性。奖励以精神鼓励为主，物质奖励为辅；惩罚慎用、少用，目的是惩前毖后。责任制、考核制和奖惩制三者紧密结合，缺一不可。如《关于严格教师教学纪律的规定》，对教师因事、因病、无故缺席都有相应惩罚措施；《关于教师教学激励机制的规定》对师德标兵、讲课大奖赛优胜者、优秀实习带队教师有明确的奖励办法。常言道："使人畏之，不若使人服之；使人服之，不若使人信之，使人信之，不若使人乐从之。"高职院校应利用现代传媒手段，把规章制度挂上校园网络，让师生随时查询，务求达到"乐从之"的理想境界，严于律己，率先垂范。榜样的力量是无穷的，领导带头，教师示范，是贯彻学校规章制度的关键。制度建设的理想状态是使人们形成习惯，"乐从之"——如果能够形成习惯，那么人们自然而然地会按规章制度要求去做事。

（2）建立教学例会制度

会议是根据上级指示和高职院校日常工作需要和主持者的意图，按照一定的议程和规则，集中决策工作的管理形式。为发挥会议的效率，高职院校应对会议的类型和规则做出必要的规定，即会议制度。为提高管理的实效，高职院校应提高会议效率，必须召开的会议应有明确的目的，在发扬民主的同时形成决定，避免形式主义和议而不决的弊端出现。

① 教学工作例会

每月一次，由主管教学的副校长主持，教务处处长主讲。学期初，通报全学期教学工作的总体目标设想，部署各项重要工作。学期中，交流教学情况，中期考试情况，专题研讨教学问题，如教学计划的修订、教学成果的评定、教学研讨等。学期末，部署期末考务工作和下期工作安排。

② 教学秘书（干事）工作例会

每周一次，最好在星期一下午举行，各二级学院（系、部）教学秘书参加，交流教学情况，及时解决教学问题并部署近期教学工作。在工作例会上，教学秘书可以收集大量教学信息，为决策提供依据，使许多工作可以协调解决。

③ 教务处工作例会

每周一次，最好在星期一上午举行，各岗位成员根据岗位职责、近期工作，交流进展情况，互通情报，处长安排本周重要工作，强调关键环节，协调分工与合作，体现集体的战斗力，突出中心工作和非常规工作。

（3）建立各类报表制度

报表是各项管理工作的图表化，其特点是形象直观，简单明了，规范性强，便于统计、归档、备案。报表制是管理办法的又一种表现形式。常用报表有以下几种：① 教师教学周报表。教师将每周的教学情况填写进周报表，每周填一张并交给所在二级学院（系、部）教学秘书，便于统计教学情况。教师教学周报表的内容包括上课时间、节次、课程名称、上课班级、学生出勤情况、教师出勤情况。② 教师调课申请表。为维护正常教学运行程序，教师调课必须申报、批准。调课人填写调课原因，二级学院（系、部）领导填写处理意见，给出处理办法是改上自习或补课，还是停上或者对调。教师调课申请表，一式两份，一份交教务处，一份交上课所在二级学院（系、部），确保教学秩序的稳定。③ 教学日志。各二级学院（系、部）教学秘书每天填写一份关于全体教师、学生、班级的教学总体情况。教学日志的内容包括应上课班、实上课班、调课班、学生和教师出勤情况。教务处定期抽样检查，便于了解教学动态。④ 教学运行统计表。各二级学院（系、部）教学秘书每周填报一份教学运行报表。教学运行统计表以全体教师为线索，内容包括上课班级，课程名称，周学时，应上课时数，实上课时数，教师因病、因事、因公调课情况，学生出勤和教学事故。

（4）建立各类检查制度

检查是计划执行的一种保证措施、目标监督的中继环节，既是对工作人员的监督和考核，又是对领导者管理水平的测定。检查是计划执行的必然发展，也是总结阶段的前提和依据。检查从内容分，有全面和专题检查；从方法分，有口头、书面和现场检查；从检查者身份分，有领导检查、相互检查和自我检查。常用的检查方法有：① 常规检查。是指教学管理人员深入教学第一线，开展日常事务性检查，直接参与教学活动，这属于最基本的方式，可获得真实可靠的信息，具有分散及时、灵活的特点。如新学期第一天检查、重大节日假期后第一天上课检查、新生上课第一天检查、每周上课第一天检查等。② 抽样检查。教学管理者事必躬亲，既不可能，也无必要。可以采取抽样的方式，了解计划执行情况，发现问题，总结经验，具有较大参考价值。重点抽查教师教学工作计划、教案、作业批改、教学日志等。③ 专题检查。对某个时期的中心工作突击、重点检查，以期整改和促进工作。如现代教育技术推广情况，重点项目建设情况，任选课开设情况。④ 期中检查。这是阶段性定期检查，是一次较为全面的教育教学、管理工作的检查，一般由各系自行组织自查和互查，检查教师常规工作，相互听课，召开师生座谈会，收集教学信息，提出合理化建议。期中检查要客观、全面，既要重视教学成果，又要重视教学过程。

## （二）策略管理法

策略管理法，是一种最具广泛性的决策方法。它要求在高职院校重大发展和建设问题的决策方面采用"团队攻关""头脑风暴"等方法，组织全员参与讨论，广泛听取来自教学一线的意见。

1. 高职院校教学策略管理的运行模式

由学校内部主管教学或承担教学工作的各级行政管理部门和二级教学单位组成，与教学有直接关系的行政管理部门和教学单位主要有二级学院（系、部）、教务处（实训中心、设备处）等。教学行政管理系统的主要功能是运用行政手段对教学活动的计划、组织、协调、指导等工作进行监督和检查，以确保教学工作整体目标能够实现。

2. 高职院校教学策略管理的优化

（1）教学管理决策系统的优化

教学领导工作人员拥有教学管理决策权，他们负责根据实践基础形成的经验，对预定的选择目标和行动方案实施优化。教学决策系统决定教学管理系统的运行趋势，在整个教学管理系统中居于核心地位。一旦教学决策出现"漏洞"，那么整个教学管理系统就会处于"瘫痪"状态，最终导致教学过程与教学目标相背离。这表明，针对教学决策系统实施优化，必须确保科学合理，符合教学实施依据，既要把握相应的"刚"性实施管理准则，又要把握好相应的"柔"性实施管理规范。具体来说，就是要在遵循法定管理决策制度的基础上，尊重学生在教学管理过程中的主体性地位，将"从严治教""从严治学"与"以人为本"相结合，促使高职院校师生共同遵守管理决策规定，将外在的规章制度转为内在的行为动力。

（2）教学信息反馈系统的优化

教学督导员制度与教学信息员制度、教学质量评估制度、教学评优制度和教学检查制度等，共同组成教学信息反馈系统。从教学信息反馈系统运转过程来看，高职院校教学管理人员可以从中收集大量信息，包括人才培养目标信息、知识智能结构信息、教学风气信息等。在经过系统收集后，在已建立的教学管理信息库中进行筛选处理，最后将需要改进的地方反馈至学科专业教师或管理人员。建立教学信息反馈系统，有助于优化调整教学管理质量，但前提是要保证反馈信息源的真实性。因此，高职院校教学管理人员应该核实信息源，在多方灵活搜集教学信息反馈的基础上，坚持真实性、客观性原则，既要使信息源覆盖全面，又要使信息源准确无误。优化教学信息反馈系统，还应该寻求建立一体化模式，即信息搜集、信息分析与信息反馈这三个环节形成相互联系，为教学管理提供及时的且可预见的信息内容。另外，整个教学管理活动过程必须要实现信息的及时交流，形成周期性的信息反馈机制。

（3）教学质量监控系统的优化

教学质量监控系统以严把目标关、讲台关、考试关、毕业设计关及学籍关为核心，使影响教学质量的各个环节得到有效的全方位的监控，促使人才培养的全过程不断优化，实现培养高质量人才的目标。

## （三）个人管理法

个人管理法是指通过调动所有教职员工积极性、挖掘个人工作潜能和责任心而达到持续改进管理质量的目的的方法。这种方法强调个人在活动中的作用，要求每位教职员工制订个人工作计划，明确其职责和任务，使他们的工作更加具有目的性。

1. 个人在教学管理中发挥作用的意义

教学质量只有在与之有关的每个人都做好他们的本职工作时才能提高，因此，应使每位与教学质量有关的教职员工都非常清楚自己为做好本职工作所应承担的义务。教学质量与每位教职员工都有着直接和间接的关系。学校领导、教师、教辅人员、后勤服务人员等都有各自的职责，只有大家共同努力，才能培养出高质量的人才，才能培养出让家长、社会满意的学生。

2. 个人在教学管理中发挥作用的措施

（1）重视学校领导在教学管理中的作用

教学管理的原理和实践表明，学校领导在教学管理过程中位于最高层次，他们的作用最关键，因为学校的教学工作方针、目标由他们确定，学校教学管理体系的建立和健全也依赖于他们的决策。

（2）重视教职工的满意度

在业绩评定中，人们更容易根据教师的教学工作数量如课时数、完成论文的篇数来发课酬，而不是根据工作积极性、教学态度、进取心、协作精神来衡量教师的业绩。这种只重数量不重质量的业绩评定方式有待进一步改进。事实上，正是教职员工的工作满意度（即教职员工觉得自己的工作可以实现或有助于实现自己的价值）进而产生愉快的情感。这种愉快情感直接促使教职员工更加积极主动地工作，并且决定着教职员工的工作质量，从而能够提高教学质量。

（3）为教师提供良好的科研环境

作为提供高职教育服务的具体实施主体，教师本身的科研能力、科研水平与其教学服务水平是相辅相成的，甚至在某种程度上是科研水平决定其教学水平。国际国内许多知名大学，往往都是科研型大学，这可以从侧面印证上述观点，所以高职院校管理者要为广大教师提供良好的科研环境，科研管理部门要为高职院校教师收集尽量充分、及时的科研信息，财务部门要提供给科研人员足够的科研经费，为科研人员提供必要的仪器设备，使高职院校形成以科研促教学的局面。

（4）加强教师的继续教育

高职教育的教学内容是不断变化、更新、与时俱进的，而教师的知识结构在完成最后一档学历教育后便基本定型。尽管在教学与科研过程中，教师的知识结构会进行一些调整，但是由于对于新知识、新技术、新标准、新工艺等缺乏系统的掌握，因此，他们需要通过继续教育来完成知识和技能的彻底更新。加强教师的继续教育可使教师体会到学校对教师职业发展前途的重视与关心，从而激发教师的学习积极性和工作主动性。与此同时，加强教师的继续教育可以稳定教师队伍。多数接受过培养的教师会用较高的道德标准来约束自己，认为应该对得起学校的栽培，不会因感觉"我给学校作了这么多贡献，学校却没给过我什么"而不安心工作甚至另谋高就。这样，人才流失的现象就会得到有力的控制，最终有利于提高教学质量。

# 第二节　高职院校专业与课程建设管理

## 一、高职院校专业设置管理

高等职业教育是以社会需求为导向的就业教育。专业设置和建设是学校教学工作的核心，是社会需求与学校教育的结合点。高职院校的专业设置必须适应地方经济建设和社会发展的需求，坚持以就业为导向。

专业设置是指高职院校专业的设立与调整。所谓"设立"，是指专业的新建开设；所谓"调整"，是指专业的变更或取消。专业设置关系到院校能否坚持为经济建设服务的方向，关系到能否适应学生的择业需要。

## （一）专业设置的意义

### 1. 对经济和社会发展的影响

教育一方面受到经济和社会发展的制约，另一方面又对经济和社会发展产生影响，这种影响较多地表现为专业设置对经济和社会发展的影响，特别是与经济和社会发展关系十分密切的高等职业教育。

高等职业教育的专业设置影响劳动力的就业结构。由于专业与人才数量、质量上的连带关系，专业设置直接影响了劳动力的专业结构。

高等职业教育的专业设置影响产业结构。一个产业的发展最重要的是市场的前景，其中包括人力资源市场的前景。一方面，人力资源的专业走向引导了产业结构的变化方向；另一方面，产业结构的需求也推动了专业结构的调整。

高等职业教育的专业设置影响技术结构。技术的发展与专业的发展相辅相成，专业设置也影响到技术结构的变化。

### 2. 对高职院校的教育教学工作的影响

（1）确定专业设置方向，会对后续专业人才培养目标实施情况产生影响。当前，社会职业类型构成多样，这就要求高职院校应该构建各种专业人才培养体系。从专业设置与培养目标的关系来分析，高职院校在制定人才培养目标之前，会考虑具体的专业设置问题。

（2）一旦明确专业设置结构，接下来就会考虑师资队伍配置问题。高职院校专业设置结构层次多样，专业设置结构层次不同，师资队伍配置比例同样会存在差异。在高职院校设置的专业类别中，通常都会开设一定的文化基础课程，所以文化基础课教师配置比例也就较大。

（3）由于高职院校专业设置占比不同，与专业教学相关的配套设施会发生相应变化。不同专业类别会要求使用对应的设施设备，如涉及实践性较强的专业课程，教师会向院校申请购置一定比例的实验仪器设备、实习基地搭建等。而高职院校教育教学工作人员，同样应该考虑专业设置与教学配套设施的关系。

（4）教育教学工作者会根据专业设置调整文件编写内容。在专业设置存在变动的情况下，课程教师会详细编写与专业教学相关的大纲，并按照已设置的专业培养目标，详细规划专业教学培养方案。另外，选择哪种专业教材、专业课程教学时长，同样会根据专业设置进行考虑。

### （二）专业设置的基本原则

#### 1. 方向性原则

高职院校实施专业设置，首先要与社会主义办学方向保持一致。强调教育教学为社会主义建设服务，使专业设置符合社会主义市场经济发展需求，在确保遵守党和国家制定的大政方针前提下，维护党和国家及人民的根本利益。总之，我国高等职业教育专业设置应该坚持方向性原则，不断为社会主义现代化建设培养各种职业人才，实现社会效益和经济效益。

#### 2. 就业导向原则

坚持专业设置符合市场就业导向，是我国高等职业教育实施人才培养教学的根本目标。为切合社会主义市场经济发展需求，高职院校会及时优化专业设置，并对专业人才培养模式实施改革调整。在坚持办学方向的基础上，高职院校应该强化专业设置理念，构建与市场新兴就业岗位相关的特色专业，改变以往就业率低、"毕业即失业"的现状。

#### 3. 特色和保证质量原则

高职院校专业设置与办学方向、办学理念相联系。构建具有高等职业教育特色的学科专业，是现阶段我国高等职业教育教学工作的要求，任何规模类型的高等职业院校，都需要坚持特色和保证质量的原则，开设符合职业院校和国家办学要求的专业。师资队伍配置是强化高职专业教学质量的关键要素，在国家大力提倡构建"双师型"教师队伍的背景下，完善专业师资教学力量，配备健全的实习、实训基地，能够体现特色专业办学水平和办学质量。

#### 4. 效益和规范管理原则

兼顾规模效益和经济效益，同样应成为高职院校专业设置需要遵守的原则。规范管理学科专业，要考虑院校现有的经济承载能力，力求稳定教育投入和运行成本，避免投入过多、人才培养质量过低现象的发生。从一个地区来看，要尽量使专业布局合理，减少不必要的重复设置，以利于统筹规划，提高办学效益。专业调整要有利于加强高等职业教育的规范和管理。本科院校开办高等职业教育要集中规范管理，职业教育技术学院应有相对独立的办学场所，保障相应的师资、实训条件和办学经费。本科院校里的系部不得自行开办高职教育班，不得自行设置高等职业教育专业。

5. 产学研结合原则

校企合作、产学研结合是高等职业教育院校办学和发展的基本途径。通过与企业的紧密合作，大量吸引社会、行业、企业的物质资源和智力资源进入教育过程，充分发挥行业、企业的兼职教师作用，加快"双师型"教师队伍建设，使专业人才培养真正贴近社会，符合行业、企业的实际需要。每个专业都要成立由相应行业、企业专家和用人单位代表参加的专业教学指导委员会及产学合作组织，共同开发专业，设计人才培养方案。行业和企业要参与办学和人才培养整个过程，甚至要发挥主导作用。

6. 重点建设原则

专业设置与调整要有利于集中力量重点建设一批示范和品牌专业，高职院校要根据社会需求，结合本校实际，确定本校的骨干和主体专业，这些专业能够充分代表学校办学特色，加大人才培养模式改革与创新的力度，并重点建设成为本校、本地区、本行业的示范或品牌专业。

## （三）专业设置与调整

《普通高等学校高职高专教育专业设置管理办法（试行）》是高职院校设置、调整专业的依据，需要严格遵循相关的审批、备案程序。

1. 专业设置与调整

根据市场经济发展需求，以落实高职教育人才培养为目标，综合设置与调整高职学科专业。在教育教学改革深化发展的背景下，优化高职专业结构设置，是进一步提高职业院校教育办学效益的有效举措。设置或调整高职学科课程专业，需要遵循国家政策法规，在坚持专业类别控制原则的基础上，综合检查并评估高职专业设置与调整的效果。

明确高职院校办学定位，定期开展市场人才需求调研，综合评估高职学科专业设置的实际效果。同时，结合高职院校自身办学目标，适时调整高职学科专业，提前做好专业调整规划方案，避免出现违反国家相关政策法规的现象。总之，要在坚持遵循国家教育政策的基础上，落实"以人为本"的教学原则。

2. 专业设置条件

（1）符合学校定位、发展规划和专业建设规划，适应区域（行业）经济发展需求，有符合专业培养目标的人才培养方案和其他必需的教学文件。

（2）具备完成该专业教学所必需的教师队伍及教学辅助人员，专兼职老师数量及资质符合规定要求。

（3）具备必需的开办经费和实验室及仪器设备、图书资料、实训实习基地等基本条件。

（4）具有已设相关、相近专业的依托。

（5）学校每年新增专业数量应有一定控制，综合类高职院校一般不超过 4 个，其他高职院校一般不超过 3 个。

## （四）专业设置的管理

省级教育行政部门负责对学校专业设置进行综合化管理，定期检查和评估高职院校专业设置的效果，并建立专业申报（备案）材料存档备查制度，用于后续的专业设置情况分析。同时，适时取消未完成相应就业指标的高职院校举办资格。高职院校如若增设新专业，须取得省级教育行政部门的备案批准，严格遵循国家设定的基本办学条件标准，要在经过批准或备案的情况下进行专业招生。

高职院校专业管理常用表格，如表 3-2-1 所示。

表 3-2-1　设置专业基本情况简表

| 设置专业名称 | | 专业代码 | |
|---|---|---|---|
| 专业学制 | | 专业招生面向 | |
| 计划发展规模 | | 计划招生时间 | |
| 已有相近专业名称 | | | |
| 专业现已配备主要实验仪器、实训设备，专业图书册数 | | | |
| 专业建设所需投入及主要项目投资 | | | |
| 申办当年经费落实情况 | | | |
| 专业实训室建设情况及发展计划 | | | |
| 专业实习基地建设情况及建设计划 | | | |

## 二、高职院校课程建设管理

课程是专业教学的基本单元，也是专业教学计划的重要组成部分，同时也是实现专业培养目标和人才规格要求的重要途径。因此，课程建设对深化教育教学改革、提高教学质量、培养合格人才具有重要作用。课程建设应坚持高职院校办学方向，切实贯彻党的教育方针，体现高职教育培养目标和专业特点，使课程教学规范化、科学化、现代化，把课程建设的过程作为深化教学改革和提高教学质量的重要举措。

### （一）课程建设基本内容

1. 教学内容建设

要根据本课程在实现专业人才培养目标中所起的作用选择教学内容。基础理论强调"必需、够用"，专业知识强调"针对性"，但都应体现科学性、先进性、实用性和适用性。结构体系简明合理，并充分考虑前后课程的衔接。另外，根据专业的发展，课程内容应不断更新、不断完善。

2. 教学条件建设

教学条件包括教学文件、教材、教学设备及手段、实验设施、实训基地等。

（1）制订或修订课程教学大纲。课程教学大纲是教学计划的具体表现形式，它既是根据教学计划要求进行教学活动的依据，也是具有指导性的文件。教学大纲包括课程的教学目的、任务、内容、范围、体系、教学进程、时间安排、实践活动以及教学方法等。教学大纲要具有科学性、先进性、可行性和实践性，充分体现本门课程在实现专业人才培养目标中的地位与作用。

（2）选用或编写适用的教材和教学参考资料。教材是课程教学的主要工具之一，包括：课堂教学用书、习题集、实验指导书、课程设计指导书等。选用教材应体现高职院校教育的特点，符合课程教学大纲的要求，具有科学性、先进性和适应性。对选用的教材可以按照教学大纲要求进行必要的增删及编写补充讲义。鼓励教师根据高职教育特点与企业合作编写教材。教材编写必须体现专业特点，教学内容符合"必需、够用"原则，图文规范，并在使用中进一步修改，以达到较高水平，使教材更能体现出高职教育特色。

教学参考资料包括：教学指导书、计算机辅助教学（CAI）课件、教学录像带等。要求教学参考资料齐全，使用效率较高，效果良好。

（3）优化教学设备使用方式，改进教学手段。教学设备是辅助教学手段实施的必要性工具，常见的教学设备包括多媒体、音像视听器材等，这些都可用于日常的教学手段中，以推动教学质量的提升。

（4）重视校内外实训基地建设。高等职业教育以培养职业技能型人才为主要目标，强化职业技能理论与实践应用训练，必须开展多种形式的校内外实训。这表明，深入推进校内外实训基地建设进程，在现代高职院校课程建设中具有重要意义。为此，在课程建设中应认真考虑实验内容及相应实验室建设、实训内容及相应实训基地的建设，保证学生技能得到应有的培训，并充分注意技能等级和达标比例的不断提高。实践条件的建设包括制订切实可行的规划，积极筹措资金，实验、实训设施和基地的设计、制作和使用，强调设施的现代化、功能齐全、利用高效。

3. 师资队伍建设

努力建设年龄和职称结构合理、"双师素质"比例较高、能胜任课程教学的师资队伍，积极培养和选拔课程建设带头人。课程建设的带头人应具有较高的业务和学术水平。任课教师要做到治学严谨、教风端正，坚持教书育人，积极参加教学改革。

4. 教学过程建设

（1）教学研究与改革。在课程教学过程中结合实际，深入进行教学研究和改革，有明确的教改方案、措施或教学研究项目。特别是在教学内容及其结构体系、实践性教学环节、教学手段和方法等方面进行研究与改革。

（2）授课。注重授课质量。主讲教师必须做到讲课条理清楚、逻辑性强、有启发性。在课程教学的组织实施过程中，形成对学生领悟、交流、决策、评价、组织、创造等方面技能和品质培养的有效教学方法，并得到大家公认。要特别重视采用现代教学技术手段。

（3）辅导。教师课后认真批改作业，能定时、定点采取讨论课、习题课等多种形式进行答疑辅导。

（4）考核。严格执行考核制度。考核方式应适合本课程的性质和特点，积极筹建试题库、试卷库，实现考教分离。要深入研究考核命题的题型分布和难易程度，命题应体现应用特点。

（5）实践环节。课程实践教学环节改革要依据整体性原则，充分发挥在整体实践教学体系和该课程理论体系中的作用。实践训练与应用要紧密结合。加强对学生的心智与技能训练，大力更新实践内容，改革实践方法与考核方法，充分体现高职是"以能力为本位"的教育特点。

### （二）课程建设的原则

（1）先建设必修课，后建设选修课。先建设主要课程，后建设一般课程。

（2）主要课程的全面建设和一般课程的单项建设相结合。

（3）校级重点建设课程应选各专业的主要课程，尤其是全校性的主要基础课程，如计算机应用基础、外语等。

（4）在试点与总结经验的基础上，以点带面，推动全校课程建设工作。

### （三）精品课程建设管理

精品课程建设程度，是衡量高职院校办学管理水平的重要指标。完善特色精品课程搭建工作体系，在现代高职院校课程建设管理中具有重要意义。高职院校课程建设管理人员，需要综合考虑学科建设方向、师资队伍配置、教学资源条件等要素。

1. 精品课程的内涵

精品课程由师资队伍、教学内容、教学方法、教学素材、教学管理等要素构成，具有鲜明的特色示范性特征。高职院校建设特色精品课程，旨在提升高职人才教育培养质量，深化高职教学管理质量改革目标。为体现特色精品课程的内在价值，高职院校课程建设管理者需要把握现代教育思想，遵循科学、创新、适用等原则，以此体现现代教育教学具有的普遍性规律，将高职院校蕴涵的职业教育教学特色充分发挥出来。

（1）内容具有前沿性

建设特色精品课程，必须选择符合高职教学要求的内容，对课程内容科学性、先进性、实用性等进行管理，纳入新兴科学研究理论性及实践性成果，让高职学生能够从中汲取最新的技能操作知识。总之，内容选择能否体现前沿性，影响着特色精品课程搭建的整体质量，高职院校课程建设管理人员需要按需选择课程内容。

（2）形式具有多样性

一般而言，高职基础课程虽然覆盖知识面广，但是却缺乏深度；高职专业课程虽然覆盖知识面较窄，但是却能体现专业的深度。针对这两类课程搭建特色精品课程，应该拓宽知识面覆盖广度和深度，呈现多样化的形式特征。这就表明，建设高职院校精品课程，需要体现层次序列的差异化、特色化，在确保适应高职学生学习特点的基础上，综合采用具有较强针对性的优秀教学素材资源，并不断完善高职课程师资队伍建设，实现课程形式建设的多样化发展。

（3）载体具有立体性

现代信息技术为高职院校建设特色精品课程提供了必要的支持，这使各种形式、类别的课程教学资源得以融合化、立体化，不仅能以纸质书籍资料的形式供高职学生使用，还能以电子影像资料的形式供高职学生下载学习。此外，多元化的网络课程数据资源，推动高职院校特色精品课程建设的纵深发展，更能强化高职人才教学培训质量。

2. 精品课程建设的内容

（1）制定建设规划

建设规划是指导精品课程建设方向的依据，建设规划要从高职办学特色、办学目标等层面综合考虑，围绕特色精品课程建设规划工作，完善其他课程建设进度，整体优化高职课程建设质量。除课程教师外，学生学习特点、教材内容选取、教学技术手段运用等，都会影响精品课程建设与实施的质量。这表明，在确定精品课程建设规划前，应该详细分析精品课程建设具备的系统性特征。在立足于学科专业课程体系的基础上，合理优化精品课程知识结构，体现高职学科专业课程教学特色。另外，规划精品课程建设方案，必须考虑精品课程是否具备实用性，既要覆盖基础理论知识点，又要体现理论知识点用于指导教学实践的特征。同时，考虑精品课程与现代化教育技术手段的联系，确保能够以立体化的方式开展精品课程讲授工作，建立与精品课程相关的配套资源。

（2）教学内容建设

明确精品课程建设规划后，需要确定精品课程建设资源。衡量精品课程建设质量的重要指标，就是精品课程所涵盖的教学内容，即精品课程教学内容是否科学合理，是否体现创新性、前沿性等特征。围绕精品课程建设工作确定教学内容，考验着高职院校课程建设管理人员的能力素养。为优化高职精品课程教学内容质量，应该系统分析教学内容对岗位技能培养的适用程度，按照由"知识"到"技能"再到"态度"的思维逻辑，综合选择质量较高的课程教学内容。另外，确定精品课程建设资源，必须符合高职课程教学规律，在满足高职学生学习特点的基础上，系统整合最新职业技能知识，做到课程建设资源的有机相融。最重要的一点是，在选择高职精品课程教学内容时，需要确保符合高职课程教学目标，尤其是高职人才教育培养目标，突出教学内容与教学目标的联系性，才能使高职精品课程建设更具现实意义。强化高职精品课程教学内容的实践应用，同样对完善高职学生综合素养具有重要指导意义。

（3）师资队伍建设

完善师资队伍建设，发挥教师在建设精品课程中的作用，对优化课程教学质量具有较为积极的作用。师资队伍水平的高低，取决于学校是否具备健全的人事管理制度。选拔学科专业教师过程中，需要坚持高起点、高标准的原则，综合评估学科专业教师的创新能力，判断他们能否积极参与学校精品课程建设工作，依托精品课程资源提高课程教学质量。另外，发挥主讲教师的教学功能优势，积极推进师资队伍体系"梯队化"管理模式，形成师资配置比例合理的队伍结构，保证精品课程建设内容质量。

（4）教学方法和手段的改革

实施精品课程建设，关键是改革传统的教学方法和手段。建设精品课程需要具备良好的创新意识，但如果没有高效的教学方法和手段，则很难帮助学生发散思维。现代高职院校课程建设，更加尊重学生在其中的主体地位，引导学生自主查阅课程资源，拓宽学生的思维认知能力，有助于丰富精品课程内容。因此，高职学科专业课程教师可以有效利用网络信息技术，根据学生学习特点灵活选择课程资源，增加课程教学的针对性、科学性和先进性。当然，依托网络信息技术获取网络资源，需要综合分析教案、大纲、习题与参考资料等，对精品课程资源建设的适用程度。

（5）教材建设

教材是实施精品课程建设的关键要素，教材选取质量直接影响精品课程建设质量。教材涵盖大量优秀的教学改革成果，建设精品课程应该推出系列优秀教材。高职学科专业课程教师承担着教材编写的职责，选择何种类型的精品课程教材，取决于教师自身的职业素养。除优化精品课程主教材建设外，还需要完善配套课程教材建设。但是，确保配套课程教材建设质量同等重要，可以根据课程教学内容安排选择相符的辅助教材。综合而言，课程教材资源涵盖较为丰富的理论知识点，高职学科专业课程教师遵循创新原则，适当引入新的课程知识，如新工艺、新方法等，能够体现高职学科专业课程教学特色。

（6）实习、实训基地建设

职业技能实践蕴涵丰富的精品课程资源，强化职业院校实习、实训基地建设，是精品课程建设的主要内容。开展职业技能实践教学，主要从两方面推进：一是课程理论知识讲解，二是课程理论实践运用。无论是在校内开展实训课程，还是在校外开展实训课程，都应该为学生提供良好的实训环境，充分遵循精品课程实训原则，强化学生技能实操素养。因此，广泛开展实习或实训合作、建立合作机制，是持续完善精品课程建设的体现。

（7）机制建设

完善精品课程机制建设，深化高职院校课程建设制度改革，成为强化高职精品课程教学质量的保证。真正落实高职精品课程建设思想，关键是要形成管理队伍选拔机制。一方面由学科专业课程主讲教师负责精品课程建设；另一方面形成有效的激励制度，鼓励师生自觉参与精品课程资源建设活动。建立健全精品课程机制建设流程，对评估高职院校课程建设制度改革成果具有指导意义，是有效发挥精品课程建设主体积极性、自觉性的有力表现。因此，高职院校课程建设管理人员需要优化机制建设模式。

# 第三节　高职院校实践教学管理

## 一、我国高职院校实践教学及管理概述

### （一）我国高职院校实践教学现状

对于高职教育来说，其目标就是为社会培养人才，在这个过程中，实践教学在其教学体系中占据主体地位。高职教育要想为社会培养出高素质的技术技能型人才，就要重视实践教学基地这个基本条件。由此可见，面对经济社会发

展的实际情况，培养适合经济发展的高素质的技术技能型人才，就要求我们将实践教学基地建设作为基础性研究课题。

根据我国在高职实践教学理论方面的研究，我们可以发现，有关高职实践教学的实践探索已经取得不小的成就，主要表现可以归纳为以下几点。

1. 在实践教学的理论研究和理念上

作为培养高职院校学生技术技能的重要手段，实践教学这一理念已经越来越为高职院校所接受，不仅如此，高职院校也纷纷对这一观念进行了落实。自此，人们逐渐认可了实践教学在促进学生全面发展方面的重要作用。对于实践教学的理论研究，现在已不只是宏观上的研究，在学界已经开始转向微观研究。现在所研究的重点问题，已经不是实践教学实施的重要性和必要性，而是如何构建具有中国特色的高等职业教育实践教学体系，从而进一步发挥和提升高职院校实践教学的功能和作用。

2. 在研究实践教学经验层面

我国高等职业教育努力借鉴国外职业技术教育实践教学体系，并在此基础上，积极探索创建具有自身特色的实践教学体系，而在实际中，已经取得了一定的成果。深圳职业技术学院效仿香港理工大学在 1996 年成立了自己的工业中心，为实践教学提供场所。在该基地建设成功后，对基地进行了功能定位。中山火炬职业技术学院于 2008 年建立生产性实训校区，并引企入校，主要为学生提供实习实训岗位，解决学生的实习问题，为教师下企业实践锻炼提供机会，鼓励教师"深海探珠"。

3. 在确立实践教学目标层面

培养学生的综合职业能力一直是我国高职院校实践教学过程中比较重视的方面，除此之外，在实践教学过程中，高职院校还注重提高学生为人处世、求知、创新等方面的能力，力求促进学生全面发展。高职院校这一目标的确立，充分借鉴了 CBE 模式，并且在其基础上与我国素质教育的相关要求形成的。

4. 在实践教学模式和方法层面

从我国高等职业教育实践教学模式来看，已经形成了数种教学模式，并且一些教学模式都具有比较强的综合性，这些模式的形成，离不开对外国经验的借鉴，更加离不开对我国经济发展的实际这个出发点的坚持。具体来讲，这些模式中具有代表性的有模拟公司模式、项目导向模式、"交互—探索"实习实训教学模式等。根据这些模式，我国的高等职业教育逐渐融合发展出一些行之有效的实践教学方法。

5. 在实践教学具体实现途径层面

从我国高职教育的教学环节来看，主要包括实验、实训和实习等。在实际的教学过程中，除了在学校内进行的课程教学外，还会借助校外的实践基地，从而集校内与校外，课内与课外于一体。具体来讲，主要表现在以下方面：第一，学生需要对理论知识进行检验和巩固，因此通过实验室实验使学生获得感性认识，进而掌握数据处理等基本方法；第二，组织学生进行实训和模拟训练，让学生掌握基本的操作技能，初步了解职业职责；第三，在教学中，为了进一步提高学生的专业技术能力，组织学生去企业进行实习，或者顶岗实践，从而让学生真实感受其专业对应岗位的实际工作，从而提高学生的职业综合能力，帮助高职教育实现高素质技能型人才培养的目标。上述一系列教学环节，在实际操作的时候具有很强的连贯性，需要循序渐进，根据学生对知识的掌握情况进行这些教学环节的推进。这样不仅符合学生获取知识、发展能力和相关素质的学习规律，而且更适合我国高职院校经常采用的学年制或部分学分制的管理体制。

6. 在实践教学计划制订和实施方面

在我国高职教育中，有一大部分高职院校都制订了相关的实践教学计划，并且这个实践教学计划都与理论教育存在相辅相成的关系，但并不是说，实践教学计划与理论教育融为一体，相反，两者是相互独立的。实践教学计划的制订不是随意的，而是在一定的原则指导下进行的。正是在这样的原则下，以培养职业综合能力为中心，将实践教学体系划分为基本技能、综合技能、专业技能以及技术应用能力等模块，在实际的教学过程中，将这些模块进行进阶式组织排列，从而形成一些行之有效并有推广意义的做法。从而促使院校正确地处理知识、能力和素质之间的关系，更好地培养全面发展的人才。

7. 在实践教学教材建设方面

在过去，我国的高职院校基本是借助本科或者中专教材来进行教学活动的。目前，随着高职教育的发展，高职实践教学的教材已经不再极度匮乏，已开发编写了成套实用教材。

8. 在实践教学师资队伍建设方面

随着我国高职教育的不断发展，面对我国高职教育的现状，"双师型"教师队伍建设的理念被提出，并且越来越受到各高职院校的重视，这表明高职院校已经充分认识到要想开展高职教育，特别是保障实践教学的有效实施，其中最关键的就要打造适应高职教育需要的"双师型"师资队伍。在实际中，各高职院校也切实将这一理念付诸行动，在打造"双师型"师资队伍方面做了大量工作。通过企业引进和在职培训，培养了一大批"双师型"教师，这一师资队伍的建设更好地保障了我国高职院校实践教学的开展。

### （二）高职院校实践教学中存在的问题

尽管为了适应时代发展的要求，我国高职教育做了很多努力，也取得了一些成效，但是实际上，我国高职教育还是存在一些问题：第一，用于实践教学的设施投入还远远不够，这在很大程度上阻碍了实践教学的开展；第二，部分高职院校对实践教学的认识存在偏差，认为实践教学只是培养学生技能的手段，却没有认识到实践教学对学生知识、能力和素质进行培养的重要作用，这种情况下，实践教学的功能和作用就无法得到充分发挥；第三，实践教学的内容还不够完善，特别是在实践教学体系建设方面，社会和企业的参与度不深，这一点与职业教育发达国家相比，显得比较落后，社会和企业的作用无法得到充分发挥，严重阻碍了实践教学的有效开展；第四，课程设置和教育内容不符合当前社会需求，存在一定脱节，不利于实践教育"贴近生产、贴近技术、贴近工艺"的实现，不利于发挥实践教学产学合作的桥梁作用。

## 二、实践实训基地运营管理的内涵及意义

### （一）实践实践实训基地运营管理的内涵

实践实训基地是在校学生学习实践技能、锻炼技术水平的场所。它一般是由多个实训室组成的。实践实训基地按照地点和管理团队可以分为校内实践实训基地和校外实践实训基地。校内实践实训基地是指地点在学校内部，由学校统一管理的实践实训基地；校外实践实训基地是指通过校企合作建设成立的，位置在企业内部，由企业代为管理的，用于对接相关专业的在校学生学习实践

技能的场所。

1. 建设实践实训基地的意义

（1）与企业和岗位相接轨

建设高职院校实践实训基地保证了刚刚步入实习阶段的学生可以直接拥有与企业和岗位相接轨的机会，对学生的教育起到了承上启下的作用。这不仅可以培养和提高学生的动手能力和操作能力，还可以使学生更系统、更全面地了解自己所在专业今后工作岗位的第一手重要资料和前沿消息。

（2）建设高职院校实践实训基地是学生步入社会之前的试金石

学生在毕业后进入企业实习工作时，往往就会发现自己在课堂上所学的理论知识有很多与实际操作不太契合。为了减少学生进入企业工作时的适应时间，更为了让学生能够更快更好地上手毕业后的岗位工作，在学生毕业前，建立这种让实习生实践实训的平台可以提高学生自身操作能力和动手能力，及时发现学生不足和问题。特别是在这个过程中，学生往往能够有更多的机会与教师和工程技术人员进行交流和沟通，能在实训过程中有一些意想不到的收获。

（3）更新认知，巩固知识

通过在企业和学校实践实训基地的实习，学生对自己之前所学的理论知识和内容有了一些新的认识，他们可以更新自己对岗位工作性质和内容的认知，可以进一步巩固和总结自己在学校所学的理论知识。教师也会根据学生在实践实训基地的工作情况，相应地调整和制定富有新意和创造力的本专业课程的教学内容和教学标准，提高学校教育教学工作的质量。

2. 运营管理模式与实践实训基地的结合

运营管理是从制造企业发展而来的一种管理模式。它的出现与生产、质量、成本、效用等因素在市场竞争中的逐步协调密切相关。目前，运营管理已经成熟，已经形成了涵盖生产领域和非生产领域的现代运营管理理论体系。从系统论的角度来看，运营管理过程可以表示为一个"投入、转换、产出"的过程。在高职院校实践实训基地运营管理过程中，基地配备的实践实训设备、实践实训教材、实践实训场地、专业师资等相关教学资源都属于基地的投入。而转换其实就是教学过程的转换，并且学生通过教学过程的转换，成为社会需要的人才而输出到社会中，也就是运营管理中的产出。

概括地说，实践实训基地运营管理就是以培养符合人才培养目标要求的学生为目的，将实践实训基地的各类资源管理活动整合到一起。实践实训基地运营管理思维，采取一系列的管理思维方式和方法，以促进实践实训基地运营管理目标的实现。运营管理思维的内涵是以实践实训基地运营管理实施为目标，通过系统地组织、规划、设计、实施、绩效评价和不断改进等，对实践实训基地的运营和管理进行完善。

### （二）高职院校实践实训基地运营管理的意义

#### 1. 提高高职院校人才培养的质量

一般来说，半数以上学时的教学任务由高职院校实践教学基地承担，之所以这样进行课时设置，是因为一方面这是实现高职人才培养目标的重要保障；另一方面，高职院校实践教学基地也是学生不断增长技术能力的重要场所，这也是对"三全育人"方针的贯彻。在以往的理论教学过程中，教师通常在教学过程中占据主体地位，主导着整个教学活动的进行，而在实践实训基地的教学活动中，对教学效果产生影响的，不只有教师，基地本身的运行管理等也会影响教学效果，尤其是影响理论与实践相结合的课程的教学效果。

在实践实训基地的运行管理过程中，要遵循共性化与个性化管理相结合的原则，这是由实践实训基地教学的特点决定的。这一原则具体来讲，就是一方面要注重高职院校实践实训基地的整体运行状况；另一方面还要关注在实践实训基地中的学生的个体情况，如学习体验和感受等。因此，有必要加强实践实训基地的资源统筹和教学服务，充分发挥实践实训基地的作用，使高职院校更好地服务于人才培养目标。

我们比较熟悉的运营管理是服务业的运营管理，它的目的是满足客户各种需求，从本质上来说，服务就是其管理的本质。从高职教育层面来说，高职教育实践实训基地的服务对象就是接受教育的学生。运营管理坚持个性化原则，针对的就是学生，就是要满足学生的个性化需求。资源统筹管理，对于一般企业来说，是进行运营管理的基本内容。高职院校实践实训基地采取运营管理思维，能够对实践实训基地的工作进行统筹，提高教学的效率，为提高人才培养质量创造更好的条件。

#### 2. 有效提高教师的教育教学效果

教师或专业技术专家在实践实训基地进行教学的过程中，并不是走过场式的从一间教室到另一间教室，与之前的教学相比，也不是教学地点的简单转换。在实践实训基地进行教学的时候，教师要充分考虑教学安全问题，这是因为实践实训教学内容和场地的特殊性，以及设备、耗材、环境等一些因素的影响，使得教学过程中可能出现一些安全隐患。此外，实践实训教学基地的教学时间普遍较长，存在许多教学环节等。由此可见，在教学实践中，加强对教师的身体、心理、技术、技能等方面的培训是非常必要的。这是因为教师在实践实训基地教学过程中，会面临多个方面的压力。

按照运营管理的思路，在实训基地教学投入的所有资源中，师资占据最基础、最根本的位置，同时还是实训基地实现从投入到产出整个过程中的主要因素。可见，师资对于促进实践实训教学基地教学目标的实现具有重要意义。高职院校实践实训基地的运营管理模式可以为教师提供更多的支持和更好的服务，有利于教师在教学中拥有更好的状态，引导学生获得更多更好的知识和技能，从而提高教师的教学效果。

3. 提高实训基地的物料管理效率

教学物料管理，是实践实训基地管理的重要工作之一。包括对物料的准备、使用等的管理。教学物料的管理非常重要，因为这是实践实训基地得以正常运行的前提之一。

在物料利用和管理方面，经常存在物料浪费大、物料利用效率低、物料库房管理难等问题。因此对于实训基地物料的管理研究，已经成为高职教育研究的重要课题。通过对这些问题的研究，结果显示，高职院校运营管理中，实践实训基地的管理环节在减少物资使用损耗方面有着显著的作用，能够提高物资使用效率，同时也是提高物流仓库管理最重要的因素。

营利是企业的最终目标，企业经营管理的核心也是获得更高的利润收入，从这个层面来说，企业经营和管理的内在要求就是，提高效率，避免浪费。由于实践实训基地的工作和管理模式是根据企业经营管理的经验来进行的，那么提高实训基地物料管理的效率，从资源总体规划的角度来看，就制定采购计划、提取、盘点、回收等全过程的规章制度，以加强对实验物料的管控和记录。

4. 提高实践实训基地的利用率

职业院校对实训基地投入了大量资金，其中大部分资金用于基地实训设备和实训场地的购置、建设、维护和维修。不仅如此，为提高人才培养质量，高职院校不断加强教育基础设施和实训基地等各项条件的改善和完善。对于高职院校办学水平的评价，无论是从高职院校投入资金的使用效率、实践教育培养的人才质量，还是从高职院校相关部门的管理效率等方面来看，实践教学基地的使用率都是最重要的指标。

事实上，实践实训基地的服务内容无论是在培训、竞赛方面，还是在群团活动或者科普方面，都已经得到了拓展。但是，由于受人才培养项目流程的限制，实训基地的教学利用率时有变化。例如，由于高职院校在上半年的学期里开设新课程，这样一年级课程和毕业年级课程的增加，使高职院校的实践实训基地的教学利用率与下半年相比大大增加。因此，如何提高实训基地的综合利用率，减少实训基地的闲置状态，应从触发实训基地内生管理需求、提升教学资源等方面进行探讨。

5. 有助于营造良好校企合作环境

在高职教育实践实训基地的建设中，校企合作是重要的模式之一。对于校企合作来说，实践实训基地的建设，有很多的方式，并且具有长远的意义。在高职院校实践实训基地的建设管理中，企业深度参与其中，从长远来看，企业并不只是为了追求实践实训基地运营所获得的效益，而是更看重自身参与其中，能够获得高质量的人才储备，进而实现更高层次的社会效益。

但如果高职院校实训基地管理水平过低、资源消耗过大，将对企业参与实训基地建设和管理的信心产生负面影响。这种情况下，校企合作模式就不会得到长期维持。对于高职院校来说，要想为校企合作模式营造良好的发展环境，就必须尽快实施运营管理思维引领实践实训基地内部各方面的建设与管理工作。实训基地的运营管理效率和水平能够为企业所接受，无疑会增加企业和高职院校对校企合作的信心，这将有助于实现校企合作的可持续发展。

## 三、校内外实践教学基地建设

在我国高等职业教育中，承担学生实践教学大部分任务的是校内实践基地。校内实践基地是学生在校期间培养实践技能和职业素养的主要场所。校内实践基地虽然能够承担大部分实践教学任务，但是也难免存在不足，为了补充这一不足，校外实践基地的出现就显得格外重要。

## （一）校内实践教学基地建设

我国在建设校内实践基地的时候，可以借鉴国外建立职业技术教育实践基地的经验，当然，借鉴经验的前提是从我国高职院校实践教育基地的具体情况出发。高职院校校内实践教学基地的功能主要包括教学、培训、技术研发、技能考核和生产等。因此，高职院校校内实践教学基地承担着开展实践教学和学生职业素质教学、职业技能培训、职业资格认证、技术研发，以及新技术推广应用等任务。可见高职院校校内实践教学基地的建设十分必要，那么我国高等专业院校应该如何进行实践教学基地建设呢？其要求主要包括以下几种。

1. 提供真实的职业环境

高职院校在进行校内实践教学基地建设时，要注意在环境规划、设备配置、管理模式、文化氛围等方面，必须与生产、建设、管理、服务一线接轨，应特别重视为学生提供模拟真实的职业环境，使校内实践教学基地更加规范、先进、高效。

2. 科学分类和合理布局

通常情况下，一些实训室以及实训车间构成了校内实践教学基地。下面以实训室为例，从高职院校校内实践基地的实训室分类来看，主要有 3 种分类方式。第一，按应用领域或技术组的技术大类进行划分。第二，按照专业设置进行划分。这种分类方式具有相当大的优势，这是因为，按照这种分类方式，可以使专业人员更加全面地参与到实训室的规划与建设中，这样能够确保实训室满足专业教学的需求。第三，是按学科属性划分。这种分类方式在高职实践教学基地中的应用不是很常见，但是根据高职院校本身的具体情况，在实践教学基地中，有一些基础实训室有必要按照学科划分。从高职院校校内实践基地的实训室布局来看，主要有 4 种模式：按工艺流程布置、按实务流程布置、按生产过程布置以及按照技术模块布置。无论是何种布局，都是以满足专业需求为优先，因此要根据专业对校内实践基地的实训室进行布局安排。

3. 贴近生产、技术、工艺

贴近生产的意思是在进行实践教学的时候，要注意立足生产的实际情况，让学生进行真实的训练；贴近技术是指从技术教育出发，在实践教学中注重技术的应用、技术的先进程度、学生实际操作的熟练程度；贴近工艺则是从科学、合理、规范的要求出发，在实践教学中注重标准化意识与质量意识。这就要求实训室的建设要引进有关行业的标准，保证按生产工艺的标准对学生进行严格的训练。

4. 讲求实效、多方筹资

实际上，建设校内实践基地还要注重经济效益，这就要求在建设过程中，要采取相关的措施，使经济效益得到提升：第一，进行总体规划，优化资源配置，杜绝进行重复建设；第二，大力投入具有综合性、核心性、共享性的教学实验室；第三，在进行实训实验室的建设中，要注重结合专业建设和课程建设，另外要以专业和技术的发展方向为导向，进行实验室的设备购置；第四，高职院校肩负着为社会培养人才的重任，因此在校内实践教学基地建设中，也不能忽视企业的作用，要注意加强与企业的合作，争取社会融资和国家支持；第五，重视开发和经营管理，打造与专业设置相关的经营主体以及服务机构，从而依靠自身进行资金积累，进而为办学创造良好的条件。

## （二）校外实践教学基地建设

高职院校校外实践教学基地的最大特点是利用学校与行业、企业在人才培养方面的各自优势，把以传授理论知识和基本技能为主的课堂、实验实训室的学校教育环境与直接获取实际经验、综合能力为主的生产现场环境有机结合于学生的培养过程之中。它突破了传统教育几乎完全在校内进行的单一人才培养模式，使专业与行业、教师与企业、学生与生产岗位之间建立起广泛的联系，由此解决高职教育教学中培养方案、培养模式与培养质量的诸多问题。

1. 校外实践教学基地的合作教育模式

从本质上来看，高职院校校外实践教学基地就是高校用来与校外企业进行不同内容和层面的合作的媒介。主要体现在以下几点：第一，为学生提供有别于校园环境的实践学习空间或环境；第二，提供培训学生专业技能等所需的现场设备、师资或其他条件；第三，在学生就业前，为他们提供岗位工作的仿真模拟。当然，这些是在一定的教育模式下完成的。就教育模式来看，我国目前主要有以下几种。

（1）学工交替合作模式

顾名思义，这种模式指的就是学生在校期间，学习分学期、分阶段进行。

并且实行在学校学习和在企业实习交替进行的模式。

（2）"项目化"合作教育模式

"项目化"合作教育模式是围绕具体生产或产品开发项目开展学习活动的一种教学模式。通常情况下，这种教学模式主要有两种情况：第一种是指，学生在校期间的学习一直都是围绕项目进行的，也就是围绕项目制订专业教学计划，并且课程与实践训练的开设也要根据项目的需要进行，直到最终完成项目。第二种是学生在企业实习期间，所有学习和工作都围绕项目展开。

（3）"E（exoterica）&T（training）"合作模式

这种模式的特点是将文化知识、专业理论教学、专业技能和核心素质训练划分为理论和实践两个体系。在这种模式下，分为"E"系统和"T"系统，其中学校完全实施"E"系统；企业完全实施"T"系统，可见，在这种合作模式下，高等职业院校与企业之间的分工很明确，都能够在自己熟悉以及擅长的领域发挥各自的优势，这种模式虽然有利于教育的组织和管理，但要注意避免在教学过程中，理论与实践脱节的问题。

（4）"订单式培养"模式

"订单式培养"模式其实就是按需培训模式。主要是指学校在进行人才培养的时候，是根据企业的需求进行的，这里所说的需求不仅包括对人才质量的需求，还包括对人才数量的需求。这样的模式下，学生完成学业后就会被直接送往企业。根据订单时间的长短，这种模式一般分为两种情况：一种是远期订单，另一种是中期订单。近些年来这种模式越来越受到企业的认可，因为通过这种模式，学校培养的人才能够从多个方面满足企业的需要，企业才能够选出最合适的人才。这种模式也能使企业的人才选拔过程大大简化，节约了成本，也避免了人才选择的盲目性，最终能够以最小的投入实现最大的人才效益。

2. 校外实践教学基地的建设途径与管理模式

高职院校校外实践基地的建设，可以通过众多途径实现。但是无论采取何种方式或者何种途径，一些基本的理念还是要遵循的，主要包括以下几个方面：

第一，不拘一格寻找合作伙伴。

第二，寻找学校和企业之间可以进行合作的纽带。

第三，寻找双方合作的切入点。

第四，建立良好的工作运行机制。

要想使校外实践教学基地在创建后能够正常运转，就必须考虑将要与之合作的企业的性质和规模等，因为对于合作教育的企业性质、规模以及在合作教学中所承担的教育任务来说，不同的企业会存在一些差异。相应的，对于校外实践教学基地来说，也就存在着不同的管理模式，具体来讲，第一种是以企业为主体的管理模式；第二种是以学校为主体的管理模式；第三种是企校结合的管理模式。

# 第四节　高职院校教学质量管理

高职院校教学管理工作的主要内容和中心任务是教学质量管理。因此，加强高职院校的教学质量管理对于满足社会主义建设人才需求来说，具有十分重要的意义。教育部《关于全面提高高等职业教育教学质量的若干意见》（教高〔2006〕16 号）明确指出：高等职业院校要强化质量意识，尤其要加强质量管理体系建设，重视过程监控，吸收用人单位参与教学质量评价，逐步完善以学校为核心、教育行政部门引导、社会参与的教学质量保障体系。加强教学质量管理既是国家提高高职教育质量的战略部署，也是高职院校适应时代变化和市场需求，提高自身教育教学水平的必由之路。

## 一、高职院校教学质量管理工作现状

十一届三中全会之后，我国开始实行改革开放政策，在这样的背景下，我国国民经济得到了飞跃式发展。在社会主义现代化建设过程中，对于人才的需求，已经不再是之前以学术研究为主，而是将理论知识和实践技能放在了同等重要的位置。因此，高等职业教育应运而生，各行各业对高等职业教育毕业生的需求日益增加。

但是，由于高职院校招生规模的迅速扩大，教材设备、技术手段、师资力量、教学理念等软件无法适应高职院校的发展速度，导致教学质量方面出现了各种问题。因此，实施高职教育教学质量管理显得尤为重要，人们也开始认识到提高教育教学质量、搞好质量管理是高职教育发展的主要任务。以下是高等职业院校教学质量管理的现状和存在的问题。

### （一）落后的教学观念和教育教学质量观念

高职院校的教师多数来自原来的中专学校，少数来自普通的高等院校，逐年增加新入职的大学生、研究生，他们往往受到传统的教学观念和教育教学质量观念的影响，习惯于将理论知识的掌握程度作为衡量教学质量的主要标准。这一问题具体表现在以下几个方面。

（1）高职院校中存在大量重知识轻能力、重书本轻实践、重教师轻学生等问题。

（2）教学管理者及教师对"教育教学质量"的理解十分片面和浅显，他们往往认为质量只和单纯的教学活动有关，却忽略了高职教育其他过程和环节的教育教学质量也十分重要。

（3）高职院校在教学管理过程中更注重专业和课程的设置，而对教学活动中学生的主体地位、教与学的质量、校园基础设施建设和校园文化建设方面都没有给予足够的重视。

### （二）不重视教学服务质量

当前，对于高职教育的研究越来越受到业界重视，提高教育教学服务质量也已经成为高等职业教育研究中的重要课题，在教育教学过程中，服务育人理念正逐步渗透其中。以前，高等职业院校的服务多由后勤、管理部门和校园环境来承担，但是如果想要保证教育服务的质量，就必须实现多方面的有机结合，大家各司其职，共同提高教育服务的质量。具体来说，在教学管理过程中，院校除了要为学生营造良好的校园学习生活环境外，还应树立服务意识，为学生服务，为教师服务，为教学活动本身服务，鼓励教师专心教学，鼓励学生刻苦学习，从而提高教学质量。但目前来看，部分高职院校对教学服务质量认识不足，服务评价体系建设不完善，服务意识也比较淡薄，没有给教师和学生提供到位的服务，严重影响了高职院校的办学。

### （三）缓慢的教学改革步伐

时代发展的步伐是势不可挡的，一切无法适应时代发展的事物终将被淘汰，教育教学也是一样，教学模式和教学观念如果无法适应时代发展的步伐，是不可能实现教学质量的提升的。在现实中，我们不难发现，部分高职院校仍故步自封，没有摒弃旧的教学模式和教学观念，与时代的发展脱节，在教学中还是教师照本宣科，学生死记硬背，缺乏实验和实训练习，学生进行实验和实训则是根据教师在黑板上的讲解，想象"实践"课本上的理论知识，这不可避免地导致学生所学与实际脱节。不仅如此，这样的教学模式，还很难激发学生的学习积极性和主动性，无法培养学生的创新思维和创新能力，更谈不上体现高职院校在职业培训和生产经验方面的特点和优势了。

高职院校需要尽快更新教育教学理念，加大教学改革步伐，深刻认识到高职教育的内涵和特点，深化高职院校的人才培养模式改革，注重培养高职学生的实践能力和创造能力，提高高职人才和企业需求的适配度，充分发挥高职院校职业教育的优势。

### （四）未建立教师专业培训机制

高职院校绝大部分教师是毕业后直接到学校任教，他们常常重理论轻实践，对学生的实践能力和创造能力不够重视。但高职院校所需要的合格专业教师不仅需要像普通高等院校教师一样具有扎实的理论知识，还需要具备相当娴熟的实践技能和较高的技术水平，即所谓的"双师"素质。然而目前高职院校教师还存在很多不足：如一些刚出校门的青年教师，自己还处于刚从象牙塔中迈向社会的阶段，缺乏生产实践经验；再如一些老教师虽有企业实践经历，但因为脱离企业的时间太长，他们陈旧的经验和技术储备已经不能应对本专业对新技术和技能的需求。种种现状表明，对教师进行专业知识和技能培训必不可少。

但目前，部分高职院校因教学任务繁重并且缺少对口合作企业，未能建立高职教师专业培养的长效机制，也缺乏教师培训的实施方案。因此，教师的实践技能无法得到提高，也就无法培养出符合社会和企业需求的实践型、高素质人才。基于此，高职院校要注重教师培训，提高教师的实践技能水平，把教师的专业理论知识与生产实践技能有机结合起来，这对于引导学生走向职业化道路意义重大。

### （五）推进艰难的校企合作模式

高职教育要想实现培养符合社会主义现代化建设需要的复合型技术技能人

才的目标，就必须立足于"校企合作"这一背景，促进校企合作模式的不断推进。提高高职教育教学质量，高职院校和企业两大主体缺一不可。但高职教育的现状却是管理职能出现行业缺位；高职院校和企业之间的管理严重脱节；企业对参与高职院校的教学管理工作缺乏积极性；校企合作模式缺乏制度保障和统一规划等。

## 二、高职院校教学质量管理的改善措施

教学管理的最终目的是保证和提高教学质量。教学质量形成于人才培养方案的制定过程、人才培养方案的实施过程和教学质量的评价过程。要提高高职院校的教学质量，必须研究教学质量形成的整个过程，做好高职院校教学质量管理工作，具体可从以下几个方面入手。

### （一）树立全新的高职教育教学观和质量观

高等职业教育是以生产、管理和服务为首要需要，培养留得住、用得上、实践能力强、职业道德优良的高素质人才。要想实现这一目标就需要院校树立全新的高职教育教学观，在人才培养方面坚持以就业为目的，以企业对人才的需求为依据。另外，高职院校还要开创全新的教育理念，即"以人为本"的教育理念，努力贯彻知识与能力并重的教育原则，在教育过程中因材施教，尊重个体差异，重视学生身心发展特点，促进学生德、智、体、美、劳全面发展。

教育教学质量观，实际上指的就是对学生学习成果以及教学效果进行评价的标准。在教学实践中，以前评价教育教学质量的唯一标准就是学生对理论知识的掌握程度，然而这种评价标准早已不符合现代高职院校的发展，因此要转变这种情况，在评价过程中更加注重素质教育和实践技能，打造知识传授、技能培养与素质相结合的教育教学质量观。

### （二）全员参与共建教学质量管理体系

教学质量管理体系是做好高职院校教学质量管理工作的重要前提，构建教学质量管理体系需要遵守以下原则。

1. 全员参与

在高职院校的工作中，能够综合反映其各项工作成果的就是教学质量。对

教学质量好坏的影响因素主要体现在以下方面：第一，全体教师和学生对教学质量管理工作的了解和参与程度；第二，教学管理者和学校行政部门的工作与学习质量。可见，教学质量的提升必须建立在全校教师和学生的共同参与和努力之上。

2. 系统有序

教学质量管理体系是一个包含多个要素的整体，这些要素包括组织结构、工作程序、过程和资源等。教学质量的形成过程包括教育活动的全过程，从这个层面来讲，要想提高教学质量，搞好教学质量管理工作，就必须树立系统的教育教学理念，运用系统的、科学的方法对所遇到的教学质量问题进行深入、全面的分析，并进行有效的治理。

3. 预防为主

众所周知，治疗疾病最理想的方法就是将疾病扼杀在摇篮里。对于高职院校的教学质量问题来说，也是如此。高等职业教育的最终目标是培养社会需要的实用型人才，学生是教育教学的主体，要想提高教育教学质量，就要将各种影响教学质量的因素控制在可控范围内，在开展教学质量管理时，要遵循以控制为主、预防为主的原则，从而提高教学质量。

4. 以人为本

在教育教学过程中，教师占据着主导者的地位，教师要对学生实施培训，因此学生是教育教学工作中的主体。可见在教育教学中，教师和学生都占据着十分重要的地位。无论是教师还是学生，都是对人的管理，因此高职院校教育管理要遵循"以人为本"的原则，也就是以人为中心，充分发挥整个教师队伍和学生的积极性和创造性。在高职院校教学管理中，教学质量管理是核心内容，也是一种全员参与的质量管理、以人为中心的质量管理。因此，要调动人的积极因素，加强高职院校教学质量管理，充分发挥教师的主导作用和学生的主体作用，特别是在新课改的背景下，重视发挥学生的主体作用，调动学生的学习热情，鼓励学生主动探索、积极参与实践创新，引导学生变被动学习为主动学习，从"要学"转变到"爱学"，让教师和学生同时参与到提高教学质量的过程中。

5. 重视教学质量管理基础工作

教学质量管理的提高需要依靠全体教师和学生的共同参与，因此要想提高教学质量，首先就要对教师和学生进行质量教育。由此可见，质量教育可以算是教学质量管理基础工作的第一步，同时也是高职院校实施教学质量管理的"第一道工序"，也就是说，只有开展教学质量管理工作，增强师生质量意识，才能够有效落实教学质量管理工作。质量责任制是教学质量管理基础工作的第二步，同时也是教学质量管理的主要内容，还是教学质量管理体系的重要组成部分。高等职业院校要明确全校不同部门、不同人员的质量职责，明确各自在教育质量管理工作中的特殊任务和职责义务，统筹协调各项与教育质量相关的工作。使教学质量相关的各项工作同每个人的利益挂钩，从而形成一个严密的质量管理体系，有效提高教学质量。质量信息是教学质量管理基础工作的第三步，体现教学过程中各环节工作质量的初步记录、基础信息和各类信息资源是其主要内容。质量信息是教学质量管理中不可或缺的重要依据，也是加强教育质量管理不可或缺的重要内容。

## （三）建立教学质量保障和监控评价体系

高职院校应当构建科学有效的教学质量保障和监控体系，将教育教学的全过程保障在可控范围内，即从招生到就业的高职学生培养的全过程，努力推进课程建设和教学改革。

高职院校还应建立科学的质量评价体系：一方面是对教师教学质量的评价，应当涵盖理论和实践教学能力、业务能力、科研能力和创新能力等，全方位评价和衡量教师的教学质量；另一方面是对学生学习质量的评价，不能局限于考查学生对知识的掌握的情况，还要考查学生的理论知识学习能力、实践动手能力、思维创新能力，建立科学的考核机制和评价方式。

## （四）强化教学全过程的质量管理

作为教学质量管理中最基本、最重要的一环，教学运行质量管理主要包括制定课程标准、实践教学的组织管理、课堂教学的组织管理、教学资源管理、日常教学管理、教学档案管理等。也就是说，教学运行的质量管理实际上就是对教师与学生之间相互配合的教学过程，以及教学效果进行管理的活动过程。

1. 制定课程标准

教学标准是对一门课程教学目标、教学内容及教学过程等环节的系统安排，是教师实施教学的依据。建立科学完善的课程标准体系要求高职院校以职业岗位需求为导向，组织教师和专业人员共同对课程内容进行组合与拆分，根据学生的具体情况制定符合实际的课程标准，将高职院校的人才培养目标落到实处。特别是对实践、实训和实习的课程标准更应当加强重视，根据不同行业和企业的需求不断完善课程标准，从而为提高教学质量奠定坚实的基础。

2. 课堂教学的组织管理

学校进行教学活动，其主要的场所就是课堂。因此，课堂教学是教学活动的主要形式，而实际上，课堂教学还是教学管理的主要形式。从这个层面来说，对课堂教学的进行组织管理，是做好教学质量管理工作的基本要求。因此，高职院校要科学引导教师的教学理念，让教师树立以就业为导向，培养实用型、技能型、操作型的现代"工匠"人才的教学理念；还要求高职院校加强对课堂教学各环节的管理，如教师备课、教研活动、现场授课等环节，通过示范课、公开课、微型课等方式锻炼教师的教学水平和能力，不断提高教学质量，做好教学质量管理工作。

3. 实践教学的组织管理

高等职业教育区别于普通高等教育的显著特征就是具有较强的实践性。作为高职院校教学过程中极为重要的环节，实践教学还是实现高职教育培养目标的关键环节。对于实践教学的组织管理，要做到以下几点：首先，要设立专门负责实践教学管理的机构部门，负责规划设计以就业为导向、以用人单位需求为导向的实践教学方案，统筹利用教育环境和教育资源。整合高职院校和企业的资源，有机结合课堂教学、科技研发与实际工作。其次，要建立实践教学规章制度，对实践教学过程的各个环节进行严格规范，另外还要制定科学的评价考核机制，打造"双师型"教师和"双证"学生，充分发挥高职院校的办学优势。最后，要建立实践教学考核体系，严把实践教学质量关，落实实践教学管理工作。

4. 教学质量管理

教学质量管理是一个细水长流的工作，它涵盖教学过程和管理工作的方方面面，日常教学管理尤为重要。其核心是对人才培养方案的严格实施，如教学运行表、课表、考试表等。还要加强教学检查的力度，通过对教学质量的高要求促进教学管理队伍素质的提升，促进教学过程的规范化和高效化。

## （五）改进课堂教学提高教学质量

课堂是教师教和学生学的主要场所，是教育教学过程中的重要环节。因此课堂教学的效果如何直接影响着学校的教学质量。高职院校要提高教学质量，必须着眼于改进课堂教学，进行全方位、多层次的努力，丰富课堂教学内容和内涵。

### 1. 宏观层面

课堂教学必须有一个总体框架和大纲，可以将教师的授课过程进行概括。因此，在制定人才培养方案、专业课程标准、课程与考核标准时，专业负责人应首先组织相关教职工到企业进行实地调研，并亲自与企业人员进行交流，了解企业和市场的需求，了解最新的行业趋势，从而制订出符合需求的人才培养计划，进而制定有效的课程标准和教案。

### 2. 中观层面

课堂教学的灵魂和主要执行者是教师。因此，高职院校必须加强对教师教学理念、教学方法和基本教学技能的培训，不仅要强化以学生为主体、教师为主导的教学理念，同时也要提高教师的实践技能和技术水平。此外，还要鼓励教师创造性地改进教学方法，充分利用信息技术，在课堂内外充分利用手机和网络平台进行辅助教学，调动学生的学习兴趣和积极性。当然，信息技术只是一种工具和手段，教师要根据课程内容和学生的特点选择合适的教学方法，只有这样，才能避免为信息化而信息化的现象。

### 3. 微观层面

学校应制定相关政策和制度，鼓励同一学科、同一专业的教师相互听课、评课，共同进行教研，互相交流讲授方法，合理利用校内空间和时间进行讨论。从而互相学习，互相鼓励，共同提高教学技能，最终提高教学质量。然而，学校通常规定教师每学期完成的听课的数量，这样就使得很多教师上课只是为了完成作业，而忽略了对自己的教学进行诊断和借鉴他人的经验。因此，建议高职院校以教研区为单位，每位教师每学期必须进行一次公开课，由教研区组织教师共同听课、评课，找出讲师面授教学的优缺点。教学效果好，大家互相学习，互相借鉴；教学效果不好，大家一起分析原因，找出问题所在，帮助大家不断提高教学水平。

### 4. 反馈层面

学生作为课堂教学的主体和教学的唯一对象，应当成为评价学校课堂教学的主要群体。因此，高职院校应正确引导学生评教，派专门的信息员每月定期收集全班学生对任课教师的意见和建议。为了保证信息员每月反馈的信息准确有效，可以组织对信息员的集中培训，再由信息员向学生集中讲解应从哪些方面来评价任课教师的教学情况。全体学生对任课教师的评价，可以分为期中和期末两次进行，其中，期中的评价结果应及时让教师看到，以便在后半学期的课堂教学中加以改进。而学生看到自己提出的问题得到了老师的重视且确实有所改进的话，也是一种极大的鼓励，从而产生师生之间的良性互动。

# 第五节 高职院校教师与学生管理

高职院校的教师是形成高职院校教育能力的决定因素，因此，加强高职院校的教师管理是提高人才培养质量的重要途径。为了施行有效的管理，必须对教师有充分的了解和认识，并建立起一个充满活力的管理系统，以形成一支结构合理、素质优良、积极向上的教师队伍，来提高学校的办学水平，努力为社会培养各种有职业技能的专门人才。

## 一、高职院校教师的职责与素质

高职院校教师是形成高等学校教育能力的决定因素。高职院校教师管理是以教师为对象的管理活动，为了在师资管理工作中更多地得到教师们的支持，从事教师管理的人员应该正确地认识自己的管理对象，熟悉他们、理解他们，通过有效的管理工作更好地为他们服务。

### （一）教师的职责

#### 1. 教书育人

教师应积极承担教学工作，认真搞好教学，努力提高教学质量，完成教书育人的任务。教师的主要任务，包括传授知识、发展能力与进行思想道德教育。这三个任务既是密切联系的，又是同步实现的。要把传授知识、发展能力与进行思想道德教育很好地结合在一起。教师首先必须坚持贯彻全面发展的教育方针，具有较高的政治觉悟、学术水平、教学能力和责任感。教师要把教学过程看作是学生德、智、体、美全面培养和个性健康发展的过程，注重培养发展学生良好的个性，努力实现最佳教学和教育效果。

2. 科学研究

在科学技术迅速发展的今天，高职院校教学的主要任务，已经不仅是把某一部分知识的总和教给学生，而是要用独立掌握新的知识和创造性地解决问题为本领来武装他们。大学的教学过程越来越接近于研究活动，这是当前在教学指导思想上从单纯传授知识到着重培养发展学生智能的重要转变，也是教学工作重心的转移。因此高职院校教师的任务，不仅仅是通过高等教学培养专门人才，而且必须在搞好教学工作的同时，努力开展科学研究。高职院校教师只有通过科学研究，不断探索和掌握本学科最新科学成就，才能不断提高自己的学术水平，掌握科学研究的规律和治学的方法，发掘新的科学思想，并有所突破，这样才有利于把在科学研究中所取得的成果用以充实和更新教学内容，提高教学质量，有效地指导学生从事科学研究工作，给予学生科学研究的基本能力。另外，在传授知识的同时，引导学生独立地掌握知识和创造性地解决问题。

3. 社会服务

高职院校教师的学术水平和学术地位在社会上有很大影响，所以应当积极参加社会政治活动，开展社会文化宣传，把党的方针、政策宣传到群众中去，又从群众的实践中吸取丰富的经验。教师还应当运用学校的科学研究成果、发展的技术和创造的知识，通过撰写学术报告、技术成果转让、科学咨询指导、协作攻关和培训人员等途径广泛为社会服务。同时，教师还要面向经济建设，吸取国内外最新的科学信息并及时传递给学生，更好地为社会主义现代化服务。

### （二）教师的素质

"素质"一词原来是一个心理学、生理学的概念，后来，被人们应用到其他的研究领域，它的外延逐渐扩大。所以对素质的广泛意义上的解释是：指对从事某一职业的人在知识、能力、情感等方面的要求，是指人在后天通过环境影响和教育训练所获得的稳定的、长期发挥作用的基本品质结构，包括人的思想、知识、身体、心理品质，教师职业是专门性职业，教师必须具备多方面的素质才能胜任教育工作。教师素质的高低是直接影响教育事业发展的重要因素。对教师的素质要求，不同的时代、不同的历史条件下有所不同。但众多的专家学者对于教师必须具备一定的素质才能胜任教育教学工作这一点的看法是一致的。高职教师应具备的素质包括德、才、能、心理等几个方面，即职业道德素质、职业能力素质、人文素质、专业素质、心理素质。

1. 高职教师的职业道德素质

教师是社会主义精神文明建设的一支主力军，教师被称为人类灵魂的工程师。从业教师的职业道德将深深地影响下一代甚至几代人的成长。一名合格教师，应该树立科学的世界观、人生观、价值观，具有为教育事业奉献终身的崇高理想、高度负责的敬业精神。

首先，要忠诚党的教育事业，具有奉献精神。作为教师必须忠诚于祖国的教育事业，要正确处理国家、社会需要和个人抱负的关系，具有高度的责任感和敬业精神。其次，要淡泊名利。教师必须有踏踏实实的作风和任劳任怨的精神，以平常心态对待名利。最后，要有敬业精神。作为教育者，本身必须树立良好的社会形象，成为建设社会主义精神文明、促进社会进步的推动力量。职业本身要求高职教育的教师要有高尚的道德品质，爱岗敬业的精神。爱岗敬业的具体体现是热爱学生。

2. 高职教师的人文素质

教师是人类文化的产物，承担着传播人类优秀文化的重要任务。要完成这一历史使命，其前提是要接受文化的熏陶和文化的教育，掌握文化的主要观点，培养民族文化的认同感和归属感。教师这一职业群体是社会发展的主要推动力量。人文知识的素养是高职教师成长的基本条件。高职教师的人文知识的素养高低，直接关系到他所培养的学生的文化素养。高职教师只有通过大量的人文知识的积累，才能与其自身修养发展相适应。人类优秀的文化传统，通过教育得以继承，通过教师的劳动得以传播。

3. 高职教师的专业素质

教育质量的高低在很大程度上取决于教师队伍整体和个体的素质。因此，高职教育改革的重点在于提高高职教师队伍的整体和个体的专业素质。高职教师应具备以下专业素质。

（1）研究能力

高职教师这一群体的专业发展水平是通过每一位教师个体的专业水平体现的。教师的职业生涯是一个连续的专业发展过程，也是终身教育的过程，即集职前教育、岗前培训和职后继续教育于一体的教育过程。高职教师不仅仅要掌握专业知识，还要有一定的理论研究能力，在自己的专业基础上，能够吸取新的研究成果，丰富自己的专业知识，不断地拓宽知识领域，完善自我。

（2）实践教学能力

实践教学是高职教育的一个重要环节，培养学生的实践能力也是高职院校的教学目标，在教学中处于重要的地位。职业教育与普通教育的区别就在于职业教育不仅向学生传授知识，而且注重培养学生的实践能力。因此，高职教师必须具备较强的动手操作能力，能够指导学生的实践。只有既具备较高的理论知识水平，又有较强的实践教学指导能力的教师，才能适应时代对高职教师的要求。

4. 高职教师的心理素质

（1）健康的人格

人格是人的社会性的集中体现，它带有强烈的职业烙印。不同的职业对人格特质和模式的要求有所不同。教师人格是指教师应具备的优良的情感以及意志结构。高职教师的人格首先应该是健康、和谐、全面发展的人格；教师的人格应当高于也必须高于其他行业的人格模式要求；教师的人格应该成为全社会的表率。

（2）良好的情感特征

高职教师良好的情感特征对学生具有潜移默化的影响。主要表现在以下几个方面：

① 真诚。作为高职教师，要能够真诚地对待学生，以信任、友好的态度成为学生的知心朋友。一旦教师犯了错误，要勇于面对学生，诚恳地承认错误，并迅速改正。

② 乐观。教师面对挑战和挫折，不但自己要有乐观的态度，而且还要以自己的信心、克服困难的勇气、乐观的情绪和坚强的意志去感染学生，增强学生克服困难的勇气。

③ 进取。教育是一项复杂的、艰巨的、长期的工作。高职教师对于人生目标不懈的追求，对教育教学工作不懈的探求和创新的进取精神，将会对学生产生强烈影响，激发他们的求知欲，培养他们的探索、创新精神。

④ 宽容。学生在成长的过程中难免犯一些小错误，有一些过失，作为教师，既要严格要求学生，帮助学生改正缺点，又不可过多地责怪学生的过失，以宽阔的胸怀宽容学生，切忌求全责备，同时要做到宽容但不放纵。

（3）坚强的意志品质

高职教育的教师应该具备坚强的意志品质，才能在困难面前不低头，并以自己的行为感染学生，锻炼学生坚强的意志品质。

（4）浓厚的职业兴趣

高职教育的教师，要对自己的职业产生浓厚兴趣，只有对职业教育事业无限热爱、对学生无限挚爱，才能做好教育教学工作。教师的职业兴趣是推动着教师孜孜不倦地进行教育教学探索，调动工作积极性的动力。高职教师要增强责任感，用科学的态度指导学生，加强与学生的交流，热爱学生，使学生的智力潜力得到充分发挥。

5. 高职教师的能力素质

教师的职业能力是每一位高职教师必须具备的。教师的职业能力包括教学能力、教育能力、班级管理能力。

（1）教学能力

① 高职教师的语言表达能力。高职教师的教学过程是传播人类文明、科学技术和生产技能的过程。语言是课堂教学最常用的手段，教师通过语言向学生传授知识、讲解道理、排疑解惑。学生往往是通过教师优美、流畅的语言体会到教师的谆谆教诲，向教师学习知识和技能。教师高超的语言驾驭能力，是使教育教学过程得以顺利进行的保证。

② 书面表达能力。教师在备课过程中要编写教案，批改作业时要写批语，教师的教学和研究活动都离不开书面写作，教师必须掌握一定的书面表达能力，才能清楚准确地表达自己的思想。在教学过程中，板书是帮助学生正确理解教学内容的有效方式，因此要求教师能够以简练的文字、符号、线条和图形等方式向学生呈现教学内容。

③ 掌握和运用教材的能力。高职教师必须对自己所任课程的教材非常熟悉，

具备驾驭教材和运用教材的能力，能正确理解教材的特点，把握教材的重点、难点，只有做到这些才能在教学过程中传授正确的知识、技能，实现教育目标。

④ 组织课堂教学的能力。教师要运用科学的方法导入新课，吸引学生的注意力，激发学生学习的兴趣；用生动形象的语言传达教学信息，创设最佳教学环境，使学生更清晰、深入地理解教学内容；要有一定的应变能力，能够处理好突然发生的意外情况，合理地控制教学结构，灵活运用教学方法，保证课堂教学的正常进行。

⑤ 实践动手操作能力。高职教师要向学生传授理论知识，更重要的是指导学生进行实践，在教学中培养学生的动手能力。因此，要求高职教师掌握专业知识，有熟练的专业技能，善于演示、引导，把专业知识外化为动手能力。

（2）教育能力

教育的目的是培养和造就对社会有用的人。因此，教育、引导学生树立正确的人生观、价值观是教师应尽的义务。教师要能够正确地指导学生认识新事物，通过丰富多彩的班级活动，丰富学生的课余生活，寓教于娱乐之中，通过有效的途径，使学生们能够接受教育，提高他们辨别真伪的能力，使学生朝着身心健康的方向发展。

（3）班级管理能力

班级是学校的基本单位，学校的教育、教学活动是通过班级实现的。高职院校的班主任一般是由任课教师担任的，因此，高职教师还应该具备班级管理能力。

班主任要善于发现学生的长处，充分调动每一个学生的积极性，一定要公平、公正地给每一位学生提供为他人服务的机会，培养学生自我管理的能力。班干部一旦确立后，班级的活动主要依靠他们开展。一方面，教师要充分支持他们开展工作；另一方面要严格要求，培养全局观念，团结全班同学，共同进步。

## 二、高职院校教师职业能力培养

### （一）高职院校教师的职业能力问题

#### 1. 高职教师职业能力的内涵

教师职业能力是通过教师平时的教育教学活动体现的，教师职业能力的高低决定着教师的教学效果，对学生身心发展有直接的影响。

高职院校中的教师在培养学生方面，是以就业为导向的，他们将为社会培养高技能的人才视为己任，可见与其他职业相比，这个职业具有很强的独特性。要解决教师专业能力发展的问题，就必须明确教师专业能力的发展方向以及内涵。这关系到教师的地位，关系到教师队伍的建设，更关系到学生的成长，因为学生是教师职业社会服务的对象。教师如何为学生服务以及这种服务的质量与教师自身的专业能力密切相关。高职教师除了具备教师职业的所有主要特征外，还应具有独特的内涵，以区别于其他教育教师的职业特征。

现代高职教育对高职教师专业能力的要求是：高职教师不仅要具备科研能力、完善的理论基础，即专业技术能力，同时，还应掌握与职业教育相关的技能和知识；不仅要致力于职业专业知识的传授，还要有能力将这些知识从教育学的角度融入职业教育；不仅要有发现问题的能力，还要有解决问题的办法，并且必须有能力制定问题解决策略；不仅熟悉相关专业领域的工作流程知识，并能将之融入课程开发，但须符合课程要求。通过职业培训和行动导向学习，达到职业技能培训的目的。

2. 高职教师职业能力的具体表象

现代高职人才培养模式改革的重要切入点是工学结合，提高高职教育教学质量的核心是课程开发和改革，职业教育教学过程是基于工作过程的，教学过程的设计与实践能力是高职课程与教学改革的基础。作为高职院校的教师，必须要适应现代职业教育的发展要求。在教学设计方面，主要满足以下两点：一是响应职业工作结构和完成工作的需要，同时注重培养学生的职业综合能力。二是在教学过程中，要注意整个过程要符合学生的认知规律。从教学过程的实施方面来讲，要注意以工作过程为参照系，以行动带动学习，行动的过程就是学习的过程；从品德素质方面来讲，以宽厚、真诚、热情、谦逊、坚毅、勤奋为主要表现；从道德品质方面来讲，以热爱教育、精益求精、自强不息、严于律己、无私奉献、淡泊名利、始终如一为主要表现。

### （二）高职院校教师职业能力的基本要求

作为一种高等教育，高职教育的根本任务就是面向社会生产、管理、建设以及服务第一线等培养高技能人才，根本目标就是满足社会发展对人才的需求。由此可见，高职教育非常重视学生的实践技能，因此对于高职教师来说，其自身不仅要有较高的师德水平，更要有较高的知识水平以及能力水平，同时这也是对高职教师基本的要求。

1. 师德水平要求

（1）坚持正确的政治方向，具有高度的责任感

作为人类灵魂的工程师，教师肩负着教书育人的重任。这就对教师无论是个人言行上还是工作能力上都提出了更高的要求。教师是学生成长中知识结构和道德结构的重要影响者，教师的一言一行对学生的世界观、人生观和价值观都会产生影响。因此，高职院校教师要坚持正确的政治方向，引导学生走正确的道路，为祖国的繁荣发展贡献力量。

（2）热爱高等职业教育，敬业爱岗

高职教师首先要热爱教育，热爱教育事业，把自己的全部知识和辛勤劳动奉献给高职教育事业，为高职教育尽一份力。这是对教师的职业要求，每一位尽职尽责的教师的职业良知都会对自己如此要求。要想安身于教育事业，首先教师要发自内心地喜欢教育事业，只有这样，教师才能做好自己的本职工作，才能激发自己的工作激情。其次，高职教师要有自我牺牲精神，这是教师精神的灵魂。

（3）热爱学生，诲人不倦

教师对学生的热爱不仅是学生教育成功的前提，也是作为一名人民教师所具有的基本的职业道德。这里说的对学生的热爱，包括对学生的理解、信任和尊重。教师对学生的热爱与教师对自己事业的热爱之间存在着紧密的联系，实际上教师对学生的热爱就是教师热爱事业的集中体现。只有真诚地爱学生，把自己所有的知识无条件、无保留地倾注给学生，使学生成为符合教育目标的合格人才，才是热爱教育事业的表现。教师对学生真挚的情感对学生的学习和发展能够起到促进作用，不仅如此，还对教育目标的实现和学生良好品质的形成具有重要作用。教师对学生的爱应该是无私的、全面的，表现为关心学生的教育、思想、身体和生活，设身处地为学生着想，做学生的知心朋友。

（4）以身作则，为人师表

教师的道德风尚直接或间接地影响着学生。教师要对学生的行为规范提出严格要求，更要以身作则，影响学生。教师作为学生的榜样，应具有正确的科学观、人生观、价值观，除此之外，还要自信、善于交际、务实，具有忠于职

守、乐于助人、无私奉献的崇高境界。对学生的要求，必须要自己先做到，用良好的道德形象影响和教育学生。

2. 知识水平要求

（1）深厚的专业知识

经验表明，基础理论深厚的教师适应能力强，有利于解决教学、科研和实际工作中的问题，有利于自我提升和发展。在知识总量快速增长和知识更新周期不断缩短的今天，基础理论知识相对稳定，部分知识甚至是长期不变的，对教师工作和学习的影响是长期的。只有教师基础理论深厚、专业知识丰富，才能具有巨大的创新潜力，使学术思想得以开拓，使自己的专业知识得到质的飞跃。现代科学技术和生产的发展要求高职院校培养的人才具有较强的适应能力和创新能力，要求教学与实践、教学与科研更加紧密地结合，因此教师的基础理论水平必须处于更高层次，并具有较强的科研能力、实践能力和创新能力。

（2）广博的相关学科知识

作为高职教师，其专业知识既要深厚、精通，又要广泛，熟悉与本学科密切相关的学科的基础知识。因为在今天，科学技术发展呈现出信息化、集团化、知识技术密集化的趋势，学科发展具有横向关联、交叉性和综合性的特点，新的学科不断涌现。新学科的出现对教师提出了新的要求，因为高等专业教育的主要目标是适应社会的需要，为此学校要开设适应社会需要的专业。相应的，教师就需要获得相关科目的广泛基础知识。

（3）必要的教育理论知识

高等职业院校教师应具备教育学理论知识，主要是教育学和心理学的基础知识、高等职业教育的基本规律和特点。如果说高职教师获得课程的理论知识是为了解决教什么、培养什么专业人才的问题，那么获得教育的基本理论知识，了解教育教学的规律，就是解决如何教和如何培养人的问题。这就要求教师不仅要有较高的学术水平，还要有教育理论和技能，懂得教育规律。教与学是一个非常复杂的过程，需要教师深刻理解和掌握教与学的原理和方法，并将这些理论和方法灵活运用到实际工作中，实现有效的教与学。

3. 能力水平要求

（1）教学能力要求

教学能力指的是高职院校教师组织实施教学的能力，主要包括以下四个方面的要求：

① 驾驭教材的能力要求。教材是教师在高职院校开展教学的根本依据和手段，要用好这一基础工具，教师必须充分理解教材，并且合理运用，熟练掌握，使教学有条不紊，使教材真正为教学服务。对教材的驾驭能力既来自于对教材的熟悉程度，也来自于广博的专业知识和过硬的教学技能。

② 语言表达能力要求。教师的语言在完成教育任务和教育功能的过程中起着重要的作用，它既是教师教书育人的主要工具，又是职业创造力的艺术。教师正确的教学语言有助于学生良好道德品质的形成以及教学效率的提高，还能在学生思维能力的发展、高尚情操的培养等方面发挥重要的作用。

③ 教学科研能力要求。教师必须具备主持和参与专业教学改革的能力。教师在提高专业基础理论知识的同时，要不断拓展知识面，密切关注本学科及相关学科或新学科领域。另外，教师必须具备研究教育教学理论的能力。

④ 运用现代教学工具的能力要求。随着科学技术的发展，现代教学方法已经进入教育领域，掌握现代教学方法应该是高等专业院校教师必备的能力之一。高职教师应掌握的现代教学手段主要有计算机技术、多媒体技术、网络技术等。

（2）科研能力要求

科研能力是高校教师必备的能力。搞科研是提高教师综合素质的重要途径，以科研促教学，把科研引到教学中，发现教学问题，解决研究问题，才能有效提高教师的综合素质。

① 高职院校教师要具备一定的科学发展能力。教师必须能够主持科技项目，跟踪学科发展，将所学知识应用于解决生产建设中的实际问题，服务于社会和企业。应用科技大学教师的科研开发能力主要是指开展科技服务的能力。开展科技项目，可以提高教师的学术水平，促进产学研结合。

② 高等教育教师必须具备通过科研提高教学水平的能力。教师要通过科研不断丰富、深化和更新知识，活跃学术氛围，提高学术水平，从而深化和丰富教学内容，提高学生的能力。教师要以自己的科研思路和科研方法，以教学中出现的新课题，激发学生强烈的创新欲望，促进学生科研能力的提高和创造性思维的培养。

③ 高职院校教师应具备撰写学术论文、编写教材和组织学术交流的能力。学术交流和贡献知识是高职教师的重要工作之一，学术研究是高职教师生存

和发展的基本条件。撰写学术刊物和教材可以达到两个目的：一是能够高效、及时地总结自己的科研成果和教研经验，为社会作贡献，促进合作社和社区经济文化的发展；二是撰写学术刊物，教师可以阅读大量的科技文献，了解当前学科的局限和趋势，看到自己的差距和不足，为提高自己的学术水平做出努力。

（3）实践技能要求

实践能力是大学教师应具备的最重要的能力之一。实践能力体现在两个方面：专业能力和指导实践教学的能力。

① 高等职业学校教师必须具备本专业要求的专业能力，如专业策划能力、现场解决问题能力、疑难（技术）问题解决能力、组织管理能力等，使用本专业的技术装备能顶岗工作，了解与本专业相关的常规设备的加工、制造、检测等主要性能以及常用的现代实验设备。

② 高等职业学校教师必须具备指导实践教学的能力。高等职业教育人才培养的目标是培养、建设、管理和服务一线所需的高素质人才。在教学方面，强调实践教学，提高学生的实践能力；在办学方面，产学研联合教学，要求教师能够紧跟社会发展变化，与教学紧密结合。把解决经济社会发展实际问题的工作重视起来。教师必须能够独立指导专业毕业规划、课程规划、专业培训和实验等实践教学环节。学位设计的学科应深入实践，注重新技术内容，能够有效组织第二课堂活动，引导学生开展社会实践活动。

（4）计算机和外语运用能力要求

高职院校教师必须具备一定的计算机和外语运用能力。在计算机运用方面，首先，教师要熟悉计算机的硬件配置，熟悉计算机的操作。其次，教师要具有利用计算机获取信息的能力。最后，教师要具有使用计算机辅助教学的能力。这种能力内涵丰富、范围广，并有一定难度，但也应该掌握。在外语运用方面，高职院校教师要具有熟练阅读、翻译国外教育资料的能力，具有用外文撰写学术论文的能力，具有与国外同行进行口头学术交流的能力，具有独立讲授专业外语的能力。中国加入 WTO 以后，职业教育对国外教育市场开放，中国的高等职业教育面临着更大的机遇和挑战。具有一定的外语能力，有助于教师及时了解国外的高等职业教育动态，开展国际学术交流；有利于我国高等职业教育提高国际竞争力，早日融入世界高等教育国际化、一体化的潮流。

### （三）高职院校教师职业能力培养途径

**1. 教师能力结构培养**

加强教师专业培训。鼓励专业教师取得教育部组织的相关专业技术职业资格证书、专业技能考核资格或教师专业技能培训证书等。依托国家高等专业师资培训基地，加强教师系统化、集中化培训。

加强在职教师培训教育，提高教师实践技能。定期开展形式多样的国内外教师培训，有条件的可以派教师到职业教育先进国家学习先进的职业教育理念和理论。有计划地组织专业教师深入生产一线进行调研、工作体验、参与企业技术攻关、科研项目等形式的专业技术开发和服务。以顶岗实习、脱产、半脱产等多种方式选派教师到相关机构工作，使教师直接参与与自己本身职业相关的企业实际工作的相关培训。熟悉和掌握相关职业任务和职业任务实施过程中积累的经验和知识、最新技术和管理信息，并将行业和技术的最新进展应用到课堂教学中。通过教师参与学校实验室和教学基地的建设和改造，帮助提高高职教师的实践技能。

通过职业教育理论的专业培训提高教师教育水平。逐步对教师进行高职教育理论和教学模式的培训。通过职业教育学、职业教育理论等相关理论以及相关基础教育理论的学习，提高高职教师教育的理论水平，加强高职教师对职业教育特点和规律的认识。特别是关于教育对象、专业、课程和教育过程特点的知识。

坚持工学结合的道路，以发展教师的专业技能。工学结合是教师继续深造、提高专业素质和专业技能的有效途径。高职院校要加强与行业、企业、科研院（所）的联系，打造产学研基地。定期组织教师到基地学习实习，获取新的专业知识和信息，了解专业技术发展趋势，了解企业和社会对本专业的需求，收集教学素材，丰富教学的内容。通过校企（所）合作，积极开展技术研究或产品研发，有条件的学校还可以利用本专业的专业技术开展科技服务活动，帮助教师将知识转化为技能，助力科学技术转化为生产力。在工学结合中，要注意培养教师的科研素质、创新能力和技术应用能力。

**2. 教师教学设计能力的培养**

教学设计就是指运用系统的方法分析教学中存在的问题，确定教学目标，建立解决问题的策略方案，试行解决方案，评价试行结果，并对方案进行修改的全过程。教学设计的根本目的在于通过对教学过程和教学资源所做的系统安排，创设各种有效的教学系统，以促进学生的学习。现代职业教育的教学设计要求打破以知识传授为主要特征的传统学科课程模式，以工作任务模块为中心，以能力为本位、以职业实践为主线，建立以工作过程为导向的课程体系。即以工作任务为中心组织课程内容，让学生在完成具体工作任务的过程中来构建相关理论知识，并发展职业能力。每个学习任务都按以典型产品为载体设计的活动来进行，以工作任务为中心来实现知识的选取和重构，进而达到理论与实践的一体化。高职教师要达到这一教学设计的能力，就要通过参加与职业有关的教育过程的教学设计与实施，在具体的职业领域的教学活动中，在熟练掌握职业工作任务和职业工作过程实践的基础上，运用职业教育学和职业教学论，开发职业教育课程，并能根据自己的教学实践开展教学研究；还需通过实践（企业实践）—理论（教育理论）—实践（教学实践）的过程，使自己始终保持与企业最新职业情境的紧密接触，始终保持对职教理论最新发展的跟踪学习，始终保持对教学实践最新改革的不断反思，来促进自身的专业素养不断提高。

3. 教师教学实施能力的培养

高职教育课程体系、内容和教学方法的改革是高职生存和发展的生命线，而高职教师是高职教育课程体系、内容和教学方法改革的主力军，通过加强课程体系、内容和教学方法的优化，可促进教师教学实施能力的提高。为实现这一目标，重要的一点就是要转变教师观念，变多年形成的传统学科性教育理念为高职教育理念，让广大教师的教育理念从精英教育转向大众教育和职业教育。

目前，在职业教育界较有影响的行动导向教学法（源自德国职业教育）得到大家的普遍关注。所谓职业教育行动导向的教学，其基本意义在于：强调以学生为中心（而不是传统的以教师为中心），教师在学生学习过程中扮演组织与协调者角色，采取"咨询、计划、评估"的行动方式，让学生通过获取信息、制订计划、对计划进行决策并实施、完成计划的检查和评估，掌握职业技能，获得专业知识。行动导向教学法重视学生的主动性和积极性在学习过程中的作用，重视学习情境（环境）的设计，以任务为核心驱动学习，设计自主学习策略。行动导向教学方法是多种多样的。最常见的教学方法包括探索式学习，叙述式学习、互动式教学、小组讨论式教学、个性化独立教学、实物操作及演示、人机对话、专家访谈、案例分析、教学游戏、项目作业等，教师只有通过培训掌握这些教学方法，并在实际教学过程中，按照实现教学目标的需要，灵活地变换不同的教学组织形式，采用多种形式的教学活动，才能实现对学生知识、技能、态度、兴趣等方面进行培养的教学目标。

4. 教师心理素质的培养

教师的服务对象是学生，教师的心理素质状况影响着学校教育功能的发挥，并且直接影响着学生品质的发展。教学实践证明，教师强烈的事业心、崇高的责任感、良好的师德修养是有效开展职业教育的必要前提。因此，要重视提高教师自身心理素质，采取措施适时适度地调节教师的心态与情绪。努力为教师营造一种良性竞争的工作环境，建设一个平等、团结、温馨的学校环境，努力创造良好的物质环境，改善教师的工作条件和生活条件，切实减轻教师的工作负荷和精神压力。在抓师德建设的同时，努力提高教师的生活水平和福利待遇，提高教师的社会地位，加强教师的职业认同感，努力创造良好的人际环境。

在教师中普及心理健康知识，开办面向教师的心理健康知识讲座，制订和实施符合本校实际的教师心理辅导计划，为每一位教师建立心理档案，定期为在职教师进行心理健康测试。应邀请专家讲课，并有针对性地采用集体心理辅导、个体心理咨询等措施，正确对待教师的心理挫折和工作成败，及时解决教师的心理困惑。

## 三、高职院校学生管理

学生管理是学校管理工作的重要组成部分，高职院校也是如此。学生管理工作的效果关系着高职院校的教学质量以及办学效益，也关系着学校人才培养目标和教育方针的实现。随着经济的快速发展和社会主义现代化建设的深入推进，各行各业对实用型、技术型和创新型人才的需求越来越大。随着高职院校扩招政策的实施，高职院校在校生人数也不断随之增长。如何在这样的背景下做好学生管理工作，应对当前高职院校的种种变革和挑战，是应当积极思考的一个重要问题。

### （一）高职院校学生管理工作现状

我国政治、经济、军事、文化等方面的蓬勃发展，为教育事业的发展打下了良好的物质基础。国家对高等职业教育也越来越重视，高职院校的数量越来越多，招生规模也越来越大。随之产生了学生之间良莠不齐，生源素质不高，文化基础较差，自我约束力差，对学习缺乏主动性等问题。这一切都给高职院校管理工作带来了全新的挑战，特别是在学生管理方面产生了诸多问题。因此，认识高职院校学生管理的意义，明确学生管理工作的内容，寻找解决学生管理问题的策略，对于提高高职院校教学质量，改善高职院校管理现状有重大的意义。

1. 高职院校学生管理工作的内容

学生是教育教学工作的主体，做好高职院校学生管理工作是实现高职院校教育目标的基础，也是高职院校教育教学工作得以顺利进行的前提。高职院校学生管理工作按照内容划分，可以分为思想政治教育、学生学习管理、学生日常事务管理和学籍档案管理四个部分。

（1）思想政治教育

随着改革的不断深化，国家对高等专业技术型人才的需求量越来越大。高等职业院校作为实用型和创新型技术人才培养的摇篮，是我国高等教育的重要组成部分。正如习近平总书记在全国职业教育大会中提到的那样，职业教育"肩负着培养多样化人才、传承技术技能、促进就业创业的重要职责"，高等职业教育更是肩负着为社会输送高等专业技术人才的重任，必须对其予以重视。随着新课程改革的发展，高等职业教育的理念和内容也在不断变化。高等院校教育的目标是培养应用型和复合型技术人才，在提升学生知识水平的基础上，提高学生灵活运用知识与专业技能的能力，更加强调学生的思想政治和道德品质状况。因此，教师在日常教学管理工作中，一方面要努力提升学生的职业能力；另一方面还要注重学生的思想政治教育，密切关注学生的思想动态，经常与学生交流沟通，培养学生的集体意识和团队意识，提高思想道德修养。

（2）学生学习管理

学习对于学生的重要性不言而喻。从宏观层面来讲，学习是人类自古以来获取知识和提高生存能力的重要手段，是传承知识并使其流传的最有效途径，可以说，人类的进步和社会的发展都离不开学习；从微观层面来讲，学习是学生的天职，是学生在校园中最主要也是最重要的活动。高职院校的学生是未来国家高等专业技术人才的储备军，正在走着一条专业性、多元性、实用性和创新性的道路，学习对于他们来说不仅包含课堂和书本上的理论知识，还包括实验室和实习岗位上学到的技能知识。

然而，受到生源的影响，许多高职院校的学生相比起本科学生，在学习方面存在学习自觉性较差、学习能力较弱、学习方式死板等问题。学生管理人员要熟悉了解学生所学专业的基本情况，激发学生的学习兴趣，引导学生养成良好的学习习惯，掌握正确的学习方法，并指导学生开展课外科技学术实践活动，营造浓厚的学习氛围。同时，还要建设良好的班级学风，鼓励学生之间良性竞争，通过社会实践活动、应用多媒体技术等方式提高学生的学习积极性，引导学生将时间和精力投入学习中，是高职院校学生管理工作的重中之重。

（3）学生日常事务管理

学校是学生家庭外的第二个港湾。高职院校学生管理不仅要做好思想政治教育及学习上的管理，还要做好学生日常事务管理，保证学生在日常生活中的安全健康、舒适有序。

高职院校学生日常事务管理包括以下几个方面：

① 班级日常事务管理，做好党团和班级建设。开展学生骨干的遴选、培养、激励工作，开展学生入党积极分子培养教育工作，开展学生党员发展和教育管理服务工作，指导学生党支部和班团组织建设，做好班风建设，规范学生的日常作息和行为，培养学生的团结意识，提高班级的凝聚力。

② 进行学生宿舍卫生管理、晚就寝管理、宿舍安全管理，保证学生在安全卫生的环境中生活学习。

③ 学生心理健康辅导，对学生心理问题进行排查，组织开展心理健康知识普及宣传活动，疏导学业生活中的种种压力，及时发现学生的心理问题并给出专业的治疗方法或建议，培育学生理性平和、乐观向上的健康心态。

④ 为学生提供资助服务，将"扶困"与"扶智"、"扶困"与"扶志"结合起来，让家庭经济困难的学生都能平等地享有学校的教育资源和环境，帮助家庭经济困难的学生解决生活和经济上的难题，确保学生不因家庭贫困而导致失学，着力培养受助学生自立自强、诚实守信、知恩感恩、勇于担当的良好品质。

⑤ 为学生提供就业指导，配合学校就业中心，通过电话、短信、邮件等各种方式及时将学校的各种就业和招聘信息通知到毕业生班群，组织开办各类就业讲座，加强学生与用人单位的信息交流，主动帮助学生联系寻找就业实习的

机会，提高学生的就业竞争能力。

⑥ 校园危机事件应对。组织开展安全教育，做好学生危机事件工作预案制定和执行，对校园危机事件及时处理，稳定局面，控制事态发展，掌握危机事件信息并按程序上报。

（4）学籍档案管理

学籍档案管理是学校教育教学工作的重要内容，也是学校管理工作的一个重要组成部分。其是指学校依照《普通高等学校学生管理规定》（教育部令第 41 号）等国家文件中规定的规章制度，再结合学校的实际情况，利用现代的信息技术和网络平台对学生的学籍和档案从入学报到、注册登记到毕业离校整个过程中进行管理和监督的工作。学籍档案管理是一个动态的过程，这项工作完成质量的好坏直接影响着学校的运作和教育教学工作的开展，它对学生个人的发展及学校教学秩序的稳定有着极其重要的作用。

由于高职院校的生源参差不齐，学生有的来自普通高中，有的来自中专和技校，还有一些职业高中的毕业生和社会生，故而高职院校的学籍档案管理更加复杂，做好高职院校的学籍档案管理工作也显得更为重要。高职院校学籍档案管理工作的内容如下：

① 新生入校报到时档案的初步核查。

② 新生入校注册登记时建立学籍。

③ 利用信息化管理学生成绩。

④ 学校在校表现与奖励惩罚。

⑤ 毕业时对学生学籍档案的核查。

⑥ 毕业生电子学历注册备案与电子信息的核对。

⑦ 管理高职院校学生学籍档案并颁发毕业证。

做好以上七点学籍档案管理工作，对高职院校的正规化管理具有重要的意义。一方面，学校可以通过学籍档案管理工作了解和把握学生的实际情况，及时了解本校学生的学习和行为情况，更好地制定学校人才培养方案和目标；另一方面，高职院校学籍档案管理工作的顺利实施能够保障学校教学秩序的稳定，促进学校教学管理和教学方法的改进，提高学校教育教学的质量。

2. 高职院校学生管理工作的问题

随着中国特色社会主义建设进入新时代，国家和政府越来越重视高等职业教育，也越来越重视高等专业技术人才的培养。在高等职业教育需要服务经济高质量发展的今天，比以往任何时候都更需要大量的高素质技能型的人才。

然而，高职院校规模的扩大和招生数量的增加，对高职院校教育教学与学生管理工作来说，既是新的起点和机遇，也是新的困难和挑战。与此同时，高职院校的学生有着一些与普通高校学生不同的特点，如何根据高职院校学生的特点，因材施教、对症下药，做好新时代高职院校学生管理工作是管理者面临的一道难题。因而在应对新的机遇和挑战的过程中，高职院校学生管理工作出现了部分问题。

（1）高职院校学生的特点

作为国家未来高等专业技术人才的预备役，高职院校的学生有着普通高校学生无法比拟的优点，如较为活跃，能够积极参加教学、文体、社团等实践活动；富有创新意识，在课堂、竞赛、工作中能大胆创造，发挥主体的能动作用善于实践操作，在平时的学习和实践中有良好的动手能力等。

但同时，高职院校学生也有一些自身的局限：

① 学生学习基础参差不齐。高职院校的大部分学生都是因为高考未能进入本科院校而选择高职院校的，还有一些是来自中专、技校和职业高中。这导致相同专业的学生入学成绩相差悬殊，甚至同班同学在原有知识结构和学习能力，以及接受新知识的能力等方面都存在明显差异。另外，学生整体存在基础较为薄弱、学习主动性和自觉性较差、缺乏学习兴趣、学习自律能力较差等问题。

② 学生心理素质较差。随着改革开放的进行，国民生活水平得到显著提高，很多高职学生成长在优越的家庭条件中，从小一路都是顺境，缺乏逆境的磨炼，也缺乏面对困难和解决困难的心理素养，心理承受能力较差，容易在压力面前产生崩溃心理。另外，高职院校中单亲和贫困家庭的学生也不在少数，他们往往有较强的自卑心理，在面临经济问题、学习压力、就业压力时，心理都会产生很大的困扰。再加上有些学生家长盼子成才心切，对学生有过高的期望和要求，他们不以实际情况为依据，反而给学生设定自己心中的目标与任务，这也给学生造成了巨大的心理压力，有些学生因自身水平受限，怎么努力都无法达到家长预期的目标，久而久之就易产生各种各样的心理问题。

③ 行为习惯不好。当前高职院校的学生大都从小生活在优越的物质环境中，容易形成任性自我、特立独行、张扬外向的个性，行为习惯和生活能力都欠佳，

个别学生懒于做寝室内务和清洁工作，不能很好地打理自己生活的环境，且对自己的生活作息安排不恰当，晚睡晚起或者熬夜打游戏、追剧都是较为普遍的现象。这些不良的生活习惯和自由散漫的状态使得大部分学生不愿受到过多的管束，给学生管理工作带来很大的难度。

④ 网络的负面影响大。在网络和信息技术已经十分普及的今天，高职院校的许多学生基本是在计算机前和虚拟世界里长大的。这一方面开阔了他们的视野，使他们能够感受到不同思想文化的交融互通，也给他们的生活带来了很大便利；但另一方面，高职院校的学生由于受前面三个特点的影响，更容易被网络游戏、网恋、网贷平台所诱惑，从而沉溺在虚拟世界的"自由"中而忽视了现实。更严重的是网络媒体上的信息良莠混杂，高职院校的学生还缺乏判断是非的能力，"三观"很容易被歪曲，产生一些违背社会主义核心价值观的观念和行为。

（2）高职院校学生管理工作的问题

① 从学生角度来看。高职院校的学生往往认为辅导员、班主任，以及学校的管理人员是限制自己、约束自己的管理者，而不是他们所认可的传授知识、教书育人的教师，因此，缺乏对管理者应有的尊敬和敬畏，导致学生管理工作很难顺利开展。

② 从管理理念来看。高职院校各部门对学生管理工作的认识都存在很大的误区，许多教师认为学生的管理工作是学生工作者的事，没有意识到教育教学的一体性，更没有形成全员育人的良好氛围。那种"我是教师你是学生"的传统理念已经过时，新时代下教育管理者应当树立"教育管理服务育人"的理念，做好学生管理工作的各项内容，深挖各种问题背后的原因，从源头上杜绝学生管理问题的发生。

③ 从管理方式来看。高职院校的学生管理工作往往是以管理者为中心开展的，认为管理者对学生拥有绝对的权威，他们在管理学生的过程中经常采用行政性和强制性的方式强硬地解决问题，并片面地把学生工作中存在的问题归结为学生素质太差，长此以往加剧了学生和教师之间的矛盾，使学生管理工作沉疴难愈。另外，正如上文所述，学生管理工作的内容十分庞杂，这使得大部分学生工作者花费了大量的时间在处理琐碎繁杂的日常事务上，从而没有时间研究高职院校学生的特点，做不到"以学生为本"，只能像消防员一样忙碌在表层

工作上，却很少切入问题本质进行深层研究。在这样的管理方式下，高职院校学生管理工作全员齐抓共管的机制很难落到实处。

④ 从管理体制来看。高职院校目前的学生管理工作基本都是在学校行政部门的领导下进行的，其流程一般是由学生主管部门推动，班主任和辅导员实际负责。这样的管理机制导致在高职院校学生管理工作中，只有学生主管部门在实施学生的管理工作，其他部门都缺乏管理学生的主动性和积极性。但事实上，高职院校的学生管理工作本该是在学校各部门与各科室的共同配合下才能完成的，只有学校各部门与各科室都主动积极地参与到学生管理的工作中，才能实现全员育人的目标。若各部门与各科室只是各负其责、互不干涉，如教务处只管理教师的教学工作，保卫处只负责管理学校的治安工作，而将管理学生的工作完全交给学生处，学生管理工作就必然产生主观上的倾向，从而导致高职院校的学生管理最终成为"一言堂"，一切都按照学生处的命令和指导而进行。

⑤ 从管理队伍来看。高职院校的学生管理队伍力量总体较为薄弱，目前仍以辅导员为主，他们在面对日渐扩大的教育规模和学生数量时往往显得力不从心，无法满足繁杂的学生管理工作的要求。虽然部分高职院校目前已经积极培养了一定数量的学生干部和辅导员助理来扩充学校的学生管理队伍，但他们的工作只限于教师界定的范围，且工作经验和工作信心都比较欠缺，在管理过程中又涉及处理与其他同学关系的问题，害怕与同学发生矛盾，站位不明确、能力不足，这使得他们经手的部分工作只流于表面而未能落到实处，所以，学生管理队伍仍然面临着力量不足的问题，给学生管理工作带来一定程度的弊端。

## （二）高职院校学生管理工作的新方向

正如习近平总书记所指出的，目前我国各行各业都需要大批的高等科技人才和专业技术人才。高职院校作为培养高素质技能人才的重要基地，要肩负起为各行各业输送人才的重任。但是随着高等职业教育教学规模的不断扩大和招生人数的不断增多，高职院校在学生管理方面的难度日益增大，在工作过程中出现的问题也日益增多。因此，抓住新形势下高职学生的特点，积极探索适合当前形势下的学生管理工作新方向和新方法，是摆在各个高职院校面前的重要问题。

1. 坚持"以学生为本"的管理理念

正确的管理理念是实践教育教学改革的重要依据，也是促进高职院校学生管理的重要前提。当前形势下，在学生管理工作中加强以人为本思想的运用，建立和发展"以学生为本"的管理理念，切实做到人性化的管理正是高职院校教育改革的应有之义。

"以学生为本"，就是在管理中要以学生的需求为标准，将学生作为教育教学和管理工作的主体，从而优化高职院校的学生管理方案。高职院校学生正处在身心发展的关键时期，他们有较强的自尊心，十分看重教师对自己的看法，心思细腻而敏感，且对于事物的发展有自己的看法和判断。因此，传统的"填鸭式"教学和以教师为本的管理方式已经不符合当前学生的特点，若不尽快加以改进，必将引起学生的反感，无法达到预期的管理效果。

学生管理者在工作中要坚持"以学生为本"的理念，充分发挥学生的主体作用，培养学生进行自我管理的主动意识，积极改善传统学生管理理念和方式的不足，从而实现高职院校管理学生转向服务学生的管理模式。如教师面对学生的问题和缺点时，不能一味地批评和处分，应当注重教育的方式方法，尊重学生的独立人格；班主任在进行学生管理时，要把握高职院校学生的成长规律，真正了解学生进步和发展的需要，更好地围绕学生的学习和生活来开展管理工作；在日常教学中，教师也可以改变以往单一的长辈和管束者的角色，扮演学生的朋友或者亲人，时常进行换位思考，学会站在学生的角度思考问题。

另外，目前社会上对高职院校学生有着一些刻板印象，各种片面的说法对高职院校学生的发展产生着很大的负面影响，很容易使学生陷入一种自我怀疑的尴尬境地，让学生丧失信心并从思想上不相信自己。因此，"以学生为本"应当加强树立学生的自信心，使学生从思想上得到改变，成为自我发展的服务者，找到更加适合自己发展的立足点。班主任更要加强对高职学生职业观念的培养，鼓励学生正视自己的价值和位置，促进学生努力学习本职专业知识，加强对实践技能的锻炼，培养学生面对现实、迎接挑战的勇气和能力，帮助学生以更好的状态去面对今后的职业生涯。

"以学生为本"的管理理念还体现在管理者角色的转变上，即将学生作为教学管理的主体，强化学生的地位，促使学生可以充分发挥自我教育、自我管理和自我服务的作用。这是"以学生为本"的学生管理理念得到有效贯彻落实的重要一步，能够建立起学生容易接受的管理方式，也能够从根本上转变学生的思想及行为，促使学生积极主动地学习理论知识并进行技能实践，提升自己的综合素质，实现全面发展。

2. 充分调动学生干部的管理积极性

在学生管理工作中，以辅导员为主的教师队伍无疑处于主导地位。但教师不可能一天 24 小时与学生待在一起，那么充分发挥学生干部在学生管理中的关键作用，调动班干部积极进行自我管理就显得尤为重要了。在高职院校学生的管理中，组建一支得力的班干部队伍可以使教师的管理工作更加得心应手。因为学生干部来源于学生群体，又在管理中回到学生群体中，他们能够更加全面地了解学生，也更便于和学生进行沟通，更真实地了解和反映学生的情况，从而大幅提高学生管理工作的效率和成果。

在组建学生干部队伍时，辅导员要注意选拔具有号召力的学生，注重学生的组织能力和领导能力，衡量其是否能够将其他学生很好地团结、号召在一起。同时在选拔之后，还要学会用人，让班干部去做一些力所能及的管理工作，从而以学生管理学生的方式助力教学管理工作的开展，重视班干部以身作则、遵守班级管理条例意识的培养，发挥班干部在学生管理工作中的良好带头作用。

3. 打造专业化、科学化的学生管理队伍

一支素质能力兼备的得力管理队伍是做好高职院校学生管理工作的基本要求，特别是辅导员队伍建设，辅导员是开展学生思想政治教育的骨干力量，是高职院校学生日常思想政治教育和管理工作的组织者、实施者、指导者。辅导员应当努力成为学生成长成才的人生导师和健康生活的知心朋友，恪守爱国守法、敬业爱生、育人为本、终身学习、为人师表的职业守则，围绕学生、关照学生、服务学生，把握学生成长规律，不断提高学生的思想水平、政治觉悟、道德品质、文化素养；引导学生正确认识世界和中国发展大势、正确认识中国特色社会主义、正确认识时代责任和历史使命、正确认识远大抱负和脚踏实地，成为又红又专、德才兼备、全面发展的中国特色社会主义合格建设者和接班人。

因此，目前只有建立起一支业务精湛、能力超群、作风优良的学生管理队伍，才能构建一个权责分明、分工明确的学生管理体系，促进学生管理工作走向专业化。

另外，在互联网和信息技术飞速发展的当今社会，高职院校还可以有效使用现代化技术和手段来建设现代化的学生管理队伍。近年来，随着各大高职院校扩招政策的不断落实，相关的学生管理工作量也日益增大，繁杂的管理任务下难免产生各种各样的疏漏，最终导致高职院校学生管理工作质量的下降。为了有效解决这一问题，提高学生管理队伍的工作效能，各大高职院校应当利用各种手段收集和整理与学生管理工作相关的各种信息，通过网络和信息技术建立一个云数据库并编制相关的应用软件，对学生实行信息化和数据化管理，从而有效弥补学生管理队伍人员匮乏的不足，促进学生管理工作走向科学化。

4. 建立就业为导向的学生管理模式

高等职业教育既不同于传统的职业教育，也不同于普通高等教育。相应地，各大高职院校在生源、人才培养目标，以及学生管理工作上都具有不同于其他教育的职教特征。基于这一特征，我国高职院校应该着力建立以就业为导向，以培养学生技能为主的学生管理模式，着力培养学生的专业能力，为学生步入职业生涯打下坚实的基础。

（1）注重学生技能的培养。高职院校在进行学生管理过程中应该注重学生技能的培养，与和学生专业相关的用人单位紧密联系，培养专业性强的应用型人才。具体表现在对技能培养和第二课堂的重视上。高职院校的学生一般具有较强的动手能力和组织策划能力，因此，高职院校在学生管理中要侧重培养学生的职业技能，通过"创业计划大赛""职业能力大赛"等达到"以赛代练"的目的；还可以通过开展专业相关的社团活动和社会实践活动，提高学生应用知识的能力，在第二课堂将学生培养成专业化、技能化的应用型人才。

（2）培养和提高学生的综合素质。面对当前社会越来越严峻的就业形势，培养和提高学生的综合素质刻不容缓。高职院校在学生管理时应积极开展素质拓展教育，重视学生的职业道德和整体素质的培养，着力将就业指导全程化和分类化。特别是辅导员，要为学生提供科学的职业生涯规划和就业指导以及相关服务，帮助学生树立正确的就业观念，引导学生到基层、到西部、到祖国最需要的地方建功立业。

另外，高职院校学生的管理工作还必须考虑到学生在具体就业时所面临的问题及其解决办法，实行学分制，将对学生的就业考核纳入学分制管理中，深入了解学生的情况。对一些家庭经济条件存在困难的学生，可以开设校园绿色通道，适当地进行资助和保障，为其推荐对口的岗位名额；还可以鼓励创办高职院校毕业生创业基地，并拨出一部分公益资金用于就业资助体系。在专业和产业结合方面，可以引进一些社会上的投资合作，让高职院校真正地走向社会，为各行各业、各个岗位提供大量所需要的专业技术人才。

5. 建立激励措施的学生管理模式

以事后追责和惩罚为主的强制性传统管理方式已经过时，要做到当前教育要求的防御性管理，激励措施的使用势在必行。它能够培养学生积极上进的心态和良好的学习习惯，引导学生进行自我约束，主动设立并完成不同时期的学习目标，树立学习自觉性和自信心；它能够引导学生形成正确的世界观和价值观，对自己的职业生涯进行合理的规划，正确认知所选职业对社会发展的意义；它能够很好地预防学校违规事件的发生，有利于构建和谐的校园环境。

教师在采用激励措施管理学生时，要耐心细致地指导学生，运用各种机制来调动学生的积极性，让学生在此过程中形成自我约束力和自我激励的信念，从而积极配合学校管理。另外，高职院校在对学生进行激励管理时需要做到因材施教，运用多样化的激励措施使激励政策适用不同层次、不同心理、不同个性的学生，使高职教育真正成为具有针对性和目的性的教育模式。

具体的激励措施如下：

（1）以职业发展为导向进行激励。教师可以对学生的表现和兴趣等进行系统的分析和总结，制定出学生职业发展的方向，激发学生为职业目标而不断完善自我的动力。

（2）合理运用奖惩措施。所谓的奖惩措施可以解释为"奖勤罚懒法"，奖勤是对那些表现优秀、参与活动积极、配合学校管理的学生进行相应的奖励，鼓励他们继续努力；罚懒是对那些表现不好、行为怠懒、不配合学校管理的学生进行适当的惩罚，促使他们及时改正错误并向优秀学生学习。

（3）典型和榜样激励法。在学生管理工作中，可以将表现好的班级和个人树立为典型和榜样，开展形式多样的评奖评优活动，在学校内宣扬他们的优秀事迹，起到正向带动的作用，促使其他学生向之学习并不断全面发展。

（4）信任和关怀激励法。高职院校的学生正处在需要信任和尊重的年龄，教师在学生管理工作中采用感性管理的方法，给学生足够的自由和尊重，建立起良好的师生友谊，给予学生真诚的鼓励和引导，可能会发挥出意想不到的效果，给学生强大的内心力量，从而更有利于学生管理。

6. 充分运用信息化提升高职院校学生管理质量

随着互联网、信息技术等高新科技的发展，翻转课堂、微课堂、多媒体技术等成为高等教育领域中的高频词汇，平板电脑、笔记本等电子设备受到了大学生群体的广泛欢迎。信息技术的应用不仅有助于推动高职院校自身的发展，而且同大学生的日常生活和学习有着密切的联系。伴随着信息技术的蓬勃发展，高职院校要解放思想，与时俱进地更新管理手段，将计算机网络技术应用到学生的管理中。高职院校的学生管理工作具有工作量大、工作事项烦琐的特点，采用先进的技术进行学生管理工作，不仅能够降低管理成本，而且可以有效提高学生管理工作的水平和质量。

（1）信息化是高职院校教育教学发展的必然趋势

① 提升工作效率

工作效率方面的机遇指的是将信息技术应用到学生管理中，有助于实现学生管理工作的科学化、数字化，能够在最短时间内解决学生遇到的各种困难，提高学生管理工作的实效。

随着社会的发展，越来越多的高职院校重视信息系统的建设工作，持续加大信息服务平台的投入力度。信息技术对高职院校的影响是极其深远的，以学生管理为例，信息技术的应用使得学生管理工作从传统的事务性工作中解放出来，促进业务规范，使学生管理工作朝着科学化、专业化的方向发展，提高学生管理工作的效率。充足的人力资源是传统学生管理工作得以顺利开展的基础，学生管理人员需要很长时间才能查询到学生信息，同时高职院校内学生重名的现象屡见不鲜，如果学生管理人员不熟悉工作流程，可能会出现查询错误的现象。信息技术的出现，使得学生管理人员在很短时间内就能查找到学生信息，减少了人为的失误，同时也在一定程度上简化了事务性工作，为高职院校节省了人力成本。信息技术在学生管理工作的应用，还有助于整合学生管理的内容，提高学生管理人员的工作效率。

当前很多高职院校开启了学生管理信息化的计划，以学生电子信息平台为依托，建立了以学生为中心的信息教育模式，取得了不菲的成效。随着教育体制改革的不断深入，以学生为中心成为教育管理的核心理念，传统的直线式学生管理工作的结构模式已然不适应信息时代学生的需求，高职院校在开展学生管理工作时，要遵循以学生为中心的原则，充分发挥学生综合管理平台的作用，将与学生学习生活密切相关的内容进行整合，运用流程管理的方法对学生管理工作进行优化，借鉴国内优秀高校学生管理工作的经验和模式，形成以学生为主体，其他人员为其服务的循环结构模式，改善并提高学生管理工作的质量和效率，促进高等职业教育的良性发展。

②创新管理方式

管理方式方面的机遇指的是将信息技术引入学生管理工作中，使得学生和教师之间的关系更加的密切，有助于学生管理工作走向民主化。

传统的高职院校学生管理模式主要有两种，一种是行政管理模式，一种是外控性管理模式。现在大部分高校依然使用这两种模式。其中行政管理模式是以管理人员为中心，外控性管理模式则是以教师为中心，它们都未能充分考虑到学生的需求，存在着师生关系淡漠的缺陷。伴随着教育现代化步伐的加快，强化学生的主体地位，实现学生个性化发展成为高职院校改革的重要目标，在高职院校学生管理工作中引入信息技术更是促进学生全面发展的必由之路。随着计算机技术和网络通信技术的不断发展，网络已经渗透到生产生活的各个领域，中国网民的数量呈几何倍增长，网民的规模不断扩大。有关研究表明，我国的互联网普及率达到了74.4%，网民规模达10.51亿，也就说大约有2/3的人口都会上网，超过九成的年轻人每天都会上网。高职院校的学生具有一定的文化层次，有着相当多的碎片化时间，能够熟练地使用信息技术进行网上购物、信息查询等服务，同时面对互联网提供的海量信息，高职院校的学生能够轻易地接受并消化。以上种种条件，为高职院校学生管理工作信息化建设的实施奠定了基础。

信息资源在大数据时代发挥了重要作用，高职院校将信息技术应用到学生管理工作中，不仅有助于节约学生管理人员的时间成本，而且有助于节约学校的空间成本。在学生管理中运用信息服务工具，能够充分发挥新媒体的优势，根据学生的需求，提供针对性的服务。思想政治教育是高职院校教育教学工作的重要组成部分，传统教学模式中，教师只能在教室中讲授思想政治知识，存在着教学效果不佳的问题。信息技术的应用打破了思想政治教育的时空限制，教师可以随时随地地解决学生在学习上和思想上的问题，加强师生沟通。传统的学生管理工作具有时效性差的缺陷，信息技术的应用使得学生管理人员可以及时地宣传先进思想和典型案例，创新高职院校学生管理工作模式。

③ 促进交互合作

交互合作方面的机遇指的是高职院校运用信息技术能够促进学生管理部门之间的合作，促进数据资源共享。

高职院校学生管理工作是一项复杂、重要的工作，它与学生的成长成才有着密切关系。高职院校学生管理工作的优劣直接影响着学生能否全面健康地成长。高职院校肩负着培养社会主义建设接班人的历史重任，学生在进入社会后能否适应社会，为社会贡献自己的力量有赖于高职院校学生管理工作能否高质量地开展。因此，高职院校要高度重视学生的管理工作，制定科学合理的制度，各部门、辅导员及相关人员要相互配合。高职院校在学生管理工作中引入现代信息技术，有助于部门之间的协调合作、数据共享，实现各部门合作结果一加一大于二的效果。

高职院校学生管理工作涉及的学生事务繁多，需要多个部门协同合作才能有效地提高工作效率，如学生学费的缴纳需要同财务处合作，学生的就业问题需要招生就业处的配合，学生校园活动的组织开展需要学生处的配合。在信息化建设中，高职院校构建了标准统一、功能齐全的信息服务平台，各部门的相关子数据平台与中央数据交换平台兼容，各部门可以将数据上传到中央数据库，实现数据资源共享，简化了业务流程，为数据校园的建立提供了方便。除此之外，信息服务平台还具有界面简单，操作快捷的优点，学生和学生管理人员只需要按照界面提示就可以轻松地完成业务，实现了相关数据与学生管理工作的准确一致。

④ 发展趋势

发展趋势方面的机遇指的是高职院校的信息化建设能够促进学生管理系统的动态化，有助于激发学生的主体意识，使他们积极主动地参与到学生管理的工作中。

我国高职院校的学生管理工作经历了长时间的发展，积累了丰富的经验，逐渐形成了较为成熟稳定的模式，工作思路比较完善，相配套的制度体系也比较健全，但这种长时间流传下来的模式容易存在僵化单一的倾向。这种学生管理模式存在着不少弊病，主要表现在以下几方面：首先，沟通交流机制的不通畅，学生与学生管理人员之间、学生管理人员与职能部门工作人员之间、学生与辅导员之间的交流很少，缺乏相互沟通交流的平台；其次，学生的主动性得不到有效的发挥。学生在学生管理中处于主导地位，是学生管理的主体，在学生管理工作中起着重要作用，但现实情况是，学生很少有展示自己的机会，甚至整个学生群体的自我意识都得不到充分地发挥。

信息技术在学生管理工作中的应用，可以有效地改善传统管理模式过于僵化的弊端。如高职院校可以借助现代信息技术搭建"以学生为中心"的管理信息平台。一方面，可以动员各方力量积极参与到学生管理工作中，调动学生管理人员的工作积极性，激发他们的潜能，真正做到各方就教育目标达成一致；另一方面，"以学生为中心"的管理信息平台为学生创造了自由表达、自主选择的空间，学生可以在这个平台上自由地发表意见，增强了学生的主体意识。高职院校学生管理信息服务平台具有覆盖面大、信息量大、操作方便等优势，使学生管理工作突破固定思维方式的限制，由固守规章制度向人才培养方面转变，将工作的重点放在"培养什么样的人、怎样培养人"上，真正实现培养学生成长成才的目标。

（2）信息化为高职院校学生管理工作带来新机遇

高职院校学生管理信息系统的建设是一项复杂且艰巨的工程，仅仅依靠信息技术部门或学生管理部门是无法完成的，只有充分调动一切积极因素，各个部门协调合作，才能使学生管理信息化建设走上正轨。

① 借助教育信息化，构建学生管理工作信息平台

信息技术对教育事业的影响是极其深远的，在教育领域掀起了改革的浪潮。因此，要充分利用优质资源和先进技术，参考国内外高校的管理模式，创新运行机制，整合现有资源，加大信息化建设的资金投入，建设高效、实用的数字教育基础设施。信息技术为教育改革注入了新的活力，是推动教育进一步发展的强大动力。面对日益激烈的社会竞争，高职院校要牢牢把握数字化校园建设的契机，借助教育信息化手段，明确学生管理工作的目标，将学生作为管理的主体，站在学生成长成才的高度，梳理信息资源，优化学生管理的工作流程，构建全面系统的学生管理信息平台，为学生提供优质高效的服务。

构建学生管理工作信息平台的关键环节就是做好学生管理工作的数字化建设，即明确高职院校学生管理工作的内容，界定高职院校学生管理人员的职责。高职院校学生管理工作具有丰富的内涵，包括学籍管理、教学资源、心理咨询、后勤服务等。高职院校学生管理工作的数字化建设流程为：首先，高职院校要

将涉及学生管理的事务以相对固定的程序标准输入系统中，这样学生管理人员可以随时地读取数据，学生也可以自主地进行操作；其次，构建相应的管理信息数据库，这样数据就可以在不同的计算机上存取。不仅如此，高职院校学生管理信息系统还具有定期备份数据、按需恢复的功能，这样学生管理人员可以根据需要删除无用信息，当学生管理人员操作失误，误删了有用的数据时，也可以迅速恢复数据，实现了新消息的高效利用，促进学生管理平台的规范化和科学化。高职院校学生管理信息平台的构建并不是一件简单的事，部分高职院校的管理者以为学生管理工作信息化建设就是将原本纸质化的流程调整到互联网上，事实上，这是对学生管理信息化建设的误解。高职院校学生管理信息平台的建设需要高职院校的管理者改变传统的学生管理模式，将"服务学生"作为信息平台建设的核心，从学生的需求出发，按照模块和层次设置工作内容，针对不同的模块设置相关的登录权限，简化烦琐手续，提高管理效率，拓宽学生信息渠道，为学生提供丰富的信息资源和优质的信息管理服务。

②更新吸收经典信息化建设的理论，形成高质量信息服务理念

马克思辩证唯物主义理论告诉我们，认识对于实践具有能动作用，积极的认识对于实践有着巨大的推动作用，消极的认识则会对实践有着阻碍作用。高职院校学生管理信息化建设有赖于高职院校管理者与时俱进地更新观念，即高职院校的管理者要树立终身学习的意识，积极主动地学习新知识、新理念，吸收和整合信息化建设中的经典理论，将隐性理念与显性理念有机地结合起来，始终坚持以学生为本的理念，最大限度地利用信息技术为学生服务。以人为本的理念是高职院校学生管理信息化建设的主要理论支撑。

"以人为本"的理念指的是在教育中要尊重学生，将实现学生全面发展和个性化成长作为目标，将学生的利益作为教育工作开展的出发点和落脚点，当学生遇到生活、学习中的问题时，要帮助学生解决问题。教育工作者要和学生处于平等地位，尊重学生的差异性，了解学生的身心特点。在学生管理工作中，遵循以人为本的理念，就是要顺应时代潮流，从学生身心发展的规律出发，将信息网络平台与实际服务有机结合，维护学生的尊严，保障学生的合法权益，创造有利于学生发展内在潜能的外部环境，消除影响学生潜能发挥的不利因素，提高学生的文化素养，满足学生的合理需求，切实提高管理质量和管理效率，真正为学生服务。

# 第六节　高职院校校园文化管理

校园文化是社会文化的重要组成部分。虽然从 20 世纪 80 年代以来，诸多教育专家和社会学者对校园文化的定义和内涵展开了大量的研究和探讨，但是他们的研究角度各异，至今尚未形成统一的认识。将这些学者的观点进行总结归纳，得出了以下两种观点：广义上的校园文化和狭义上的校园文化。广义上的校园文化是指广大师生作为校园文化的主体，创造出来的精神财富以及承载这些精神财富的学校组织制度、实践活动和物质形态。狭义的校园文化指的是学校传授课本知识之外的文化，是学校和师生在课外活动中所营造的文化氛围，具有活跃校园生活、陶冶情操的功能。同时校园文化还是展现时代精神和风貌的载体，不同的时代有着不同的校园文化。

校园文化是学校建设的灵魂，是学校优良传统的结晶。校园文化的优劣直接影响着学校的兴衰。有关研究表明，校园文化是学校发展的精神支柱，良好的校园文化能够塑造学生品行，唤醒学生的生命意识，引导学生树立正确的人生观、价值观，指导学生健康成长。校园文化建设是学校建设的重要组成部分，加强校园文化建设对于活跃校园生活，提高学校的知名度有着积极意义。衡量一所学校未来是兴旺还是衰败的重要标准是观察该校是否重视校园文化建设，如果一个学校不重视校园文化建设，那即使这个学校当前再繁荣，也会逐步走向衰败。良好的校园文化建设有助于培养学生正确的价值观念和道德意识，提升师生的审美情趣和审美准则。因此，要加强校园文化的建设和管理，激发广大师生的积极性，使学校真正成为培养人才的摇篮，为社会主义精神文明建设提供文化支持。

## 一、高职院校校园文化建设的意义与原则

校园文化是社会主义精神文明建设的重要阵地，是展现学校独特精神风貌的载体。相较于欧美等发达国家，我国的职业教育起步较晚，但是成效斐然，特别是 20 世纪 80 年代末，国家提出了培养高素质技能人才的倡议，鼓励高等教育领域大力发展职业教育，高职院校以一种全新的面貌出现在人们面前。我

国的高职院校处于高速发展的时期，但办学历史较短，文化底蕴欠缺，校园文化建设尚处于起步和探索阶段。除此之外，社会对高职院校的认可度不高，大部分人对高职院校存在误解，高职院校中学生的文化程度偏低。近年来，我国出台一系列政策支持高等职业发展，社会逐渐认可技能人才的价值，高职院校的前景是广阔的，为此高职院校要积极思考，勇于探索，强化校园文化建设，提高学生的综合素质。

## （一）高职院校校园文化建设的意义

高职院校文化是指在高职院校这个特定区域内形成的群体意识、价值观念、生活方式等文化现象。高职校园文化对于高职院校的影响是极其深远的，高职学生的成长和成才有赖于优秀的高职院校文化。高职校园文化是高职院校在长期发展过程中积累的物质成果和精神成果的总和，其中高职院校的全体师生是高职校园文化的主体，经过师生的共同努力，营造的以高职校园为载体的文化氛围。高职院校校园文化属于亚文化范畴，是高职院校办学理念、个性风格以及人文精神的综合体现。高职院校校园文化与社会文化之间是相互联系又相互独立的关系，即高职院校校园文化的形成受社会文化的影响，但同时又与社会文化有着不一致性。

通过校园文化的熏陶，可以增强学生对人文社会科学的兴趣，促进自身的思想观念、心理素质、价值取向及思维方式的改变。通过校园文化的熏陶，可以弥补学校人文学科课堂教育的不足。利用校园文化活动，既促进学生文化素质的提高，又促进学科专业的深化，相互促进，相得益彰，创造一种和谐向上健康文明的环境氛围，形成良好的校风。

校园精神对大学生的人生观产生着潜移默化的深远影响，而这种影响往往是任何专业课程所无法比拟的。精神文化是校园文化的核心，高等院校的文化品位主要通过校园文化的建设来提升。健康、向上、丰富、有序的校园文化对大学生的个性品格形成具有渗透性、持久性和选择性。

## （二）高职院校校园文化建设的基本原则

### 1. 方向性原则

高职院校的校园文化建设作为社会主义大学校园文化建设的重要组成部

分，必须坚持社会主义发展方向不动摇，始终贯彻高职院校校园文化建设的总体要求，坚持开展社会主义教育和民族精神教育，引导学生树立为社会主义事业奋斗的伟大理想，加强爱国主义教育和公民道德教育，充分发挥高职院校的教育导向功能，坚持实施素质教育，完善德育工作体系，广泛开展英雄事迹宣传活动，着力培养认知能力，激发创新意识。

2. 个性化原则

高职院校的历史背景、培养目标等是各不相同的，相应的，高职院校的校园文化也具有鲜明的个性特征。高职校园文化建设工作的开展也要从高职院校的特色出发，构建有个性的校园文化，这是校园文化建设的重要目标。高职院校与普通高校是有显著差异的，主要体现在教育对象、教育内容、育人模式、校园环境等方面，这也决定着高职院校的校园文化建设与普通高校的校园文化建设是大不相同的。这就要求，高职院校在校园文化建设中坚持个性化原则。首先，高职院校要从"职业"两个字着手，构建适合高职学生成才需要的校园文化。其次，高职院校的办学历史和文化底蕴是有差异的，因此每一个高职院校要深入挖掘自身的办学理念，从办学历史中提炼自身的校园文化，并将个性化的校园文化贯彻到师生的实践活动中，在教学科研活动中进一步深化和创造。

3. 主体性原则

学生是院校文化的主体，校园文化建设的顺利开展离不开学生的支持，因此高职院校在校园文化建设中要坚持以学生为主体。首先，高职院校要始终坚持培养高素质的技能人才的办学宗旨，以促进学生健康成长成才为目标，通过开展丰富多彩的校园文化活动来引导学生和塑造学生，不断提高学生的道德观念和审美情趣，使他们在良好的校园文化氛围中接受学校的教育理念，进而实现学校的培养目标。其次，要把"学生为主体"作为校园文化建设的出发点和落脚点。高职院校在制订校园文化建设的计划时，要充分考虑到学生的成长规律和身心发展特点，尊重学生，承认学生的个体差异性，维护学生的合法权益，尽力满足学生的合理要求，当学生在生活、学习等方面遇到困难时，要及时地提供帮助。在组织实施校园文化活动时要按照教育教学规律办事，真正突出学生的主体地位，改变教学评价机制，为学生创造良好的校园环境，体现对学生的人文关怀。转变管理模式，实行民主化管理，调动学生的积极性。

4. 整体性原则

高职院校校园文化建设是一个系统工程，涉及学校的方方面面。因此，高职院校要将校园文化建设纳入到战略规划中，从促进高职院校发展的角度出发，进行统一的规划设计，实现物质文化、精神文化、制度文化以及行为文化的有机统一，协调发展。需要注意的是，高职院校的校园文化建设与学校的其他工作有着密切的联系，因此要将校园文化建设与学校其他工作有机结合起来，进一步推进校园文化建设的深入发展。

5. 开放性原则

只有坚持不懈地吸收新思想和新信息，才能实现校园文化建设的健康发展。因此，高职院校在开展校园文化建设的过程中要遵循开放性的原则。首先，尽管高职院校与普通高校在校园文化建设方面是有差异的，但是二者同属于大学校园文化建设的范畴，必然有着共同点，高职院校要加强与普通高校之间的交流，借鉴和参考普通高校在校园文化建设中的成功经验。其次，国外高职院校具有办学经验丰富的优势，要加强同国外高职院校的交流，吸取国外高职院校的成功经验，打造独具特色的校园文化。

## 二、高职院校校园文化建设的基本措施

校园文化是一所院校办学特色、精神风貌和价值取向的综合体现。高职院校的校园文化的优劣直接影响着高职生能否健康成长和成才。如果高职校园文化充满活力，高职生在积极向上氛围的熏陶下就会逐渐形成拼搏奋斗的意识，进而为了理想和信念而刻苦努力。因此高职院校要把营造健康文明、积极向上的校园氛围作为校园文化建设的核心。

（1）争取引领，确保校园文化建设的社会主义方向

校园文化作为社会主义文化的重要组成部分，是时代精神在学校的反映，其建设过程要符合社会主义发展方向。坚持解放思想，坚持从本校特色出发，将高职院校的发展同国家的强大、民族的振兴有机结合起来，引导师生树立正确的人生观、价值观。加强思想道德建设，践行社会主义核心价值观。

（2）提高认识，全面制订校园文化建设的总体规划

有关研究表明，良好的校园文化环境对于塑造学生优秀的人格品德具有重要意义。这是因为学生大部分时间都生活在校园中，良好的校园环境潜移默化

地影响着学生的思想情感和道德水平，经过长时间的熏陶，校园的理念会内化为学生的行动规范，进而形成积极进取的品德。学校的稳定发展有赖于良好的校园文化，在良好校园文化的支持下，学校的各项工作才能得以顺利地开展。学校办学理念和办学目标的落实也离不开良好校园文化的支持。因此，高职院校要高度重视校园文化的建设，加强对校园文化的引导，加强校园人文环境建设，美化校园环境，提高学生的生活质量。坚持以人为本，建立健全规章制度，规范师生行为，坚持依法治校，举行丰富多彩的活动，着力营造良好的文化环境。

（3）科学定位，充分体现高等职业教育的鲜明特色

纵观我国高职院校的发展历程，可以发现，大多数高职院校的前身为中专院校，随着社会经济的发展和教育体制改革的深入，一些中专学校升级为高职院校。高职院校继承了中专学校的办学思想和办学使命，在教育目标上和中专学校是一致的。可以说，高职院校是有一定的办学历史和相应的文化底蕴的，这是一笔非常宝贵的资源。但是这些院校成为普通高校的历史还比较短，校园文化仍然带有浓厚的中专校园文化色彩。有关调查显示，我国高职院校在升格的过程中，存在着重视人员和物质整合而忽视文化提升的问题，由此产生了"有大学之名，无大学之实"的现象。因此，高职院校要深刻意识到文化提升对于高职院校发展的重要意义，在继承原院校优良办学传统的同时，积极学习优秀大学的先进的教育理念，创建本校教研文化，培养符合时代特点的高职院校精神，提升学校的文化层次，增强学校的向心力和凝聚力。

## 三、高职院校校园文化建设的管理

### （一）校园文化建设是学校管理的重要内容

学校是有目的、有计划、有组织的培养人的场所，是劳动力的再生产部门。学校管理同其他任何社会实体的管理一样，固然必须建立以行政手段、规章制度等为主要内容的"刚性"控制机制，但由于学校管理的主要对象是人，要培养学生积极进取的精神、良好的学习习惯、健康强壮的体魄和高尚的审美情趣，则更需建立精神环境和文化氛围等为主要内容的"柔性"控制机制。因此，刚柔相济应该是高职院校管理的一个准则。而这"柔性"控制机制就是所说的校园文化。

校园文化，追求的是将全体教师学生的思想作风、道德习惯、行为准则和审美标准等文化方式统一于共同的指导思想和培养目标之上。校园文化的提出，是学校管理思想升华的一个标志，也就是从强调技术、管理体制跃升到管理思想、管理艺术。在这里，校园文化和学校管理是相辅相成的，校园文化建设引入学校管理，可以使管理者（校长、教师等）跳出纯理性管理的框架，增加管理的艺术性，使学校管理具有时代特点和感情色彩，不仅会使学校的管理更加有效，而且能够很好地弥补学校行政管理和制度管理本身的缺陷和不足，为学校教育教学改革提供动力和方向。

对高职院校来说，校园文化建设的引入，将使高职院校的管理途径更多样、手段更灵活，也将使学生的思想更活跃、生活更丰富，从而为高职院校的管理增添活力。

1. 校风建设必须体现社会主义的教育方针

教育必须为社会主义现代化建设服务，必须与生产劳动相结合，培养德、智、体、美全面发展的建设者和接班人，这是我国教育的根本方针。校风建设坚持贯彻上述方针，把它渗透到教育教学、生活娱乐、规划管理、行为规范等各个方面，形成一个促进人全面发展的精神环境。高职院校要遵循上述方针，从具体的办学宗旨、培养目标、现实状况和努力方向出发，才有可能形成切合实际、可望可及、各具特色的，真正激励全校成员奋发进取、团结合作、纪律严明、生动活泼的校风。

2. 校风建设需要良好的心理环境

校风是一种教育环境。环境对人的影响，主要是通过客观现实对人的心理产生影响，因此，在校风形成过程中，创设良好健康的心理环境是十分重要的。首先是充分利用和强化管理的力量，发挥规章制度、组织纪律的作用，并加强宣传，形成舆论，使全校成员在思想上树立校风的概念。特别对学校新成员要正确运用心理定势，定势规律是前一个比较强的心理活动对于随后的心理活动存在较大影响，也就是"先入为主"。根据这一规律，学校要重视新生入学教育，突出抓好几个"第一"，如新生入学的第一天、教师的第一课、班级的第一次集体活动等等，这对于良好校风的形成和保持，具有重要的意义。其次是努力培养学校成员的认同感，使每个成员都把自己融入学校、班级和集体之中，保持认识、情感和行动的一致性，并将校风要求逐步"内化"为每个成员对自己的要求。只有这样，校风才可以说是基本形成。

3. 领导和教师要发挥榜样的作用

树立榜样对校风建设具有强化作用。好的榜样都是某种优秀思想品德的具体体现，生动而鲜明、易于理解、易于仿效，校园内悬挂文化名人的画像，请英雄模范做报告，宣传历届毕业生中贡献突出者的先进事迹和普通劳动者默默无闻的奉献精神等等，都可收到很好的效果。但最经常、最重要、对校风建设影响最大的，还是学校领导和教师的榜样作用。领导、教师工作生活在学生当中，他们的思想、品行、作风、言谈、治学态度、生活方式等，都是学生最感兴趣的，也是学生仿效的直接对象，有些甚至可以影响学生终生。领导、教师是校风的设计者、倡导者和最先体现者，用他们的实践引导学生对校风产生认同感。学校职工也有显著的示范作用，学校应培养全体职工树立为人师表、管理育人、服务育人的意识，努力做好本职工作，以优质的服务为学生成长创造良好的条件，并用模范行为感染和教育学生，使学校的育人环境得到整体优化，使校风真正成为全校师生员工共同具有的集体行为风尚。

## （二）校园文化建设的关键是强化管理者的文化意识

校园文化建设就是实现系统管理、实现教育目标的重要而又无可替代的途径之一。应当明确，校园文化的主体虽然是学生，但学生自发的校园文化活动并不是校园文化的全部，更不用说学生自发的各项文化活动不可避免地存在着盲目性、局限性，甚至还会产生负效应。校园文化的建设和健康发展，最重要的保证在于学校领导、老师的高度重视、主动参与和积极引导，真正把校园文化建设作为学校建设的重要内容，作为学校管理的重要手段。强化学校管理者的文化意识，主要应从以下几个方面来努力：

（1）端正教育思想，把培养德、智、体、美等全面发展的社会主义事业接班人作为学校一切工作的根本出发点。要实现这一要求，最重要的就是要重视和加强校园文化建设。

（2）明确学院思想政治教育与校园文化的关系。加强学校思想政治教育必须加强校园文化建设，使二者融为一个有机的整体。一方面，思想政治教育要渗透到校园文化建设中去，并占据主导地位，以把握校园文化的方向，消除各种消极影响；另一方面，健康的校园文化又为思想政治教育提供更加优化的环境和更加具体生动、易为学生理解和接受的教育形式。强化管理者在校园文化建设中的角色意识。管理者在校园文化建设中的作用举足轻重，他们的理想追求、价值观念、生活准则、举止风度以至他们的一言一行、兴趣爱好等，都会对学校精神环境和文化氛围的形成产生极大的影响，管理者应有意识地担当起校园文化的主要设计者和指导者的角色。

## （三）校园文化建设的核心是校风建设

深入开展校风建设。所谓校风，通俗地讲就是一个学校的风气，是指一个学校广大教职工在教学、科研等各种活动中所表现出来的一种稳定的，具有政治、道德意义，在高职院校乃至全社会得到普遍认可的行为倾向。其要素由干部的思想作风、教师的教风和学生的学风所构成。因此，要扎实开展师德教育，制订完善师德规范，宣传师德建设先进典型。同时要制定完善的学生行为规范，努力形成勤于学习、奋发向上的良好学风。

## （四）校园文化建设的活力在于正确引导

丰富多彩的校园文化活动对于陶冶学生情操，提升校园文化艺术品位有着积极意义。因此，高职院校要精心设计和组织校园文化活动，将德育、智育、体育、美育渗透到校园文化活动中，使大学生在活动参与中受到潜移默化的影响。如高校可通过开展大学生艺术节、大学生运动会等活动，不断提高大学生的综合素质。

# 第四章　高职院校教育教学管理现状及对策

高职院校教育教学的发展离不开教育教学管理工作的改革与创新，明确教育教学管理工作的现状，有利于针对性采取措施进行创新改革。本章主要就高职院校教育教学管理现状及对策问题进行阐述，从高职院校教育教学管理现状、高职院校教育教学管理对策两个角度进行论述。

## 第一节　高职院校教育教学管理现状

经过广大职教工作者、人民教师和各级政府的共同努力，促成了我国高职教育体系的建立和职业技术教育事业的腾飞，相关课题的理论研究也取得丰硕成果，许多经验、教训都值得借鉴。同时，我国高职教学管理过程中，也还存在着许多不容忽视的问题，高职教学管理的效果与社会经济发展和现代化建设要求，还有不小差距。同时，我国高职教学管理存在的问题，不是一些局部个案，而是具有全局性普遍性的问题，有的甚至是带有战略和方向性的问题，因此亟须分析解决，从而促成高职教学管理的现代化、规范化，实现高职教育健康、和谐和可持续发展。

# 一、我国高职教育教学存在的问题

## （一）人才培养目标模糊

不少高职院校的培养目标模糊不清，本科压缩型的特点非常突出，一些学校被办成了纯学历教育，培养出来的学生成了知识型、研究型人才，而不是技术型人才，这与高职教育的本质要求相违背。问题的根源即在于人才培养目标模糊，同时对高职教育的理解过于简单，以及教育思维固化。我国大部分的高职院校是由中等职业学校合并或者升格构成的，这些中等职业学校的领导者由于长期从事中等职业教育的一系列管理，导致对合并或者升格以后的高职院校的高等教育不是很熟悉，并且部分领导无论是在学历结构方面，还是在知识水平方面都相对偏低，没有充分明确高等教育的相关政策法规、办学目标以及人才培养模式，除了在管理方面非常缺乏经验之外，在和高职教育发展相适应的教学管理方案与教学管理制度也较为缺乏。

除此之外，领导们对高等职业教育应该具体培养哪一个层次，以及培养何种类型的优秀人才，都非常地不清晰。所以，在多个方面存在一定的盲目性，如对教师的素质要求、教学环节的具体运作等，对高职教育的发展方向无法正确、及时地有效把握。

## （二）管理方式陈旧

在我国众多的高职院校，尤其是部分新建的高职院校中，教学改革实际上停留在表面，高职院校不管是在管理方式上，还是在教师具体的教学手段与方法上，并没有十分明显的改变，仍旧采用和沿袭了我国普通本科院校的形式，以课堂教学、知识讲授以及理论灌输为主，这些都在一定程度上脱离了高职院校的教育目标。同时，通过此种方式培养出来的学生，也无法快速适应社会与市场的各种不同需求。

## （三）专业设置与实际脱节

在我国依旧有很多学校的课程体系受到普通专科院校的严重影响，在专业结构设置，教师对学生的具体教学时间的安排，以及相关教材内容等多个方面均没有从根本上面将原来的结构打破，占据主要地位的依旧是"三段式"教育模式。另外，学校各个部分的结构和比例也非常不合理，如职业技能、人文知识等。

当前，我国部分高职院校几乎借用了普通院校的本专科教材，由于在借用的时候没有对自身院校的实际情况进行综合考虑，因此结构与内容都无法和自身教学改革的实际需求相适应。计算机信息等知识更新比较快、实用性比较强的学科，其教材内容既跟不上新技术的变化，也跟不上新技术的快速发展。在社会产业结构的快速调整以及不断变化职业岗位的深入影响下，高校的很多课程内容显得比较陈旧，没有跟上时代的发展步伐，教材的滞后和知识更新之间的矛盾越来越突出，从而对高职教育为生产、建设、服务以及管理的第一线培养大量优秀人才目标的最终实现产生了非常不利的影响。

我国政府与相关教育管理部门为了更好地推动和促进高等教育大众化的进程，在扩大高职的招生过程当中表现出盲目性，严重忽视了高职院校的实际承受能力以及客观实际。同时，在高等职业教育人才培养目标特殊性的正确分析以及一系列有效指导方面也较为缺乏。我国高职的办学目标应该是努力为地方经济建设培养众多的高级应用型优秀人才，并且这些优秀的应用型人才不仅可以下得去，还可以用得上、留得住。

我国大部分的高职院校在专业设置方面非常缺乏地方特色，严重忽视了对地方经济结构以及相关办学条件的综合实际考虑。对其他院校盲目的模仿，导致设置的专业非常不切合实际，或者极度缺乏对市场的全面综合实际调研，匆忙实施，特别是非常缺少三年以后社会对各种不相同人才实际需求的准确、科学、合理预测。结果是虽然学校中学生的数量增加，但是因为学校办学条件的不足，部分专业被迫按照学科性的教育来实际运行，或者将高职院校办成一个本科教育的"压缩饼干"，使得专业成为虚架子，同时产生高职教育和社会的实际需求脱节的现象。由此可知，我国高职院校毕业生就业率相对偏低的一个原因，是没有适应市场的各种实际需求。

### （四）适用教材缺乏

一方面，一些公共课和少数的基础课程能够选用比较相近的教材；另一方面大部分的教材，特别是专业特色的教材非常欠缺，专业教师在教学的时候只能自编讲义，或者依据已经有的比较相近的教材在课堂上开展教学，因此很难对教学质量的好与坏进行及时准确的评价。因为教材的严重缺乏以及师资力量的不足，所以导致教学计划的制定目标非常不清晰。

其中，"实"主要指的是高职院校在第一年的教学计划是实的，并且这一部分可以有效执行，如第一个学期所有专业必须开设思想品德教育、外语以及体育课程。"虚"主要指的是在第二学年和第三学年的教学计划中有一些是虚设的，简单来说就是虽然有教学计划，但是因为各种不同的原因，经常出现对课程临时调整的现象，甚至部分课程还会被随意地删除，不开设这一课程，使得教学计划的顺利执行无法得到充分的保证，实际上在高职教学的过程当中此种现象是非常普遍的。

课程体系和人才培养目标在高职教学计划虚实结合的深入影响下，无法及时确定，这也使得高职教育无法真正达到目标培养的实际要求，最终导致即将或者已经毕业的学生素质相对偏低，专业知识结构从某种程度而言与市场对人才的各种实际需求是严重不相符的。

## （五）教学方法单一

我国大部分高职院校的条件和普通高等院校的条件相比是偏差的，并且教师的教学方法也相对比较单一和机械，可以说几乎沿用了普通本科院校的一系列做法。除此之外，大部分高职院校在具体的实践教学环节上面也存在很多不足，甚至有的高职院校连最基础的实验室也不具备，更别说为学生专门开设专业技能性的相关实验了。在无法进行课程实训时，高职院校通常情况下会通过增设相关的理论课时完成最终的教学，这也使得实践和相关理论严重脱节。

同时，高职院校的专业划分在传统人才培养模式的深入影响下，通常和普通本科相比较是偏窄的，非专业的课时占的比例较大，导致学生对专业课学习的需求很难得到满足，学生在专业方面的技能培养被严重忽略。例如，经济管理类的专业课程可以分成两类，一是专业主干课，二是专业基础课。前者大多数是实务性比较强的相关课程，不仅需要通过大量的实践来对其进行充分的理解和熟悉，还需要花费大量的时间来掌握，但是专业主干课的实践课时在所有的课时当中所占的比例是相对偏低的。

### （六）师资队伍力量薄弱

应该说，我国高职院校的教师队伍在不断壮大当中。但从全局上看，高职院校教师的总体素质还无法适应高职教育的发展需要。尤其是，教师在观念上面与角色定位存在着比较大的偏差。大部分的学校一般仅仅认识、了解其他高等教育和高等职业教育的相同点，既没有完全认识高等职业教育特殊的规定性，对其基本特征的认识也不够全面，因此教师在教学的时候对普通或者成人教育的思维定位非常习惯，无法真正有效地和高职教学相适应。甚至部分教师认为高等职业教育实际上是一种不正规、低层次的终结性教育，所以在教学的过程当中降低了对教学质量的要求。与此同时，在我国很多的学校都非常缺乏双师型的教师。

高等职业教育的特点，要求教师不仅要对专业方面的理论知识非常精通，还要在实际动手操作和技术应用方面的能力非常熟练，也就是成为一名优秀的双师型教师。在我国大部分高职院校的众多现任教师，有很大一部分是从学校到学校，实践能力非常缺乏，并且在实践方面的锻炼也较为缺乏。面对高等职业教育对技能培训的一系列实际要求，教师在教学的过程当中很难完全胜任。

高等职业院校在师资建设方面的投入力度并不大，对现有教师的资格认定管理不够健全，管理不到位。大部分的高等职业学校引进大量的优秀人才，其目的只是为了更好地进行评估，严重忽略了对在校教师的科学、合理的规范管理。原来中等职业学校留下来的部分教师虽然非常优秀，但是随着学院的升格或者重新组合，这些教师需要有需要重新获取和补充知识，从而使自身的学术和学历水平都得到较大幅度的提升。

从严格意义上来说，在这些教师当中依旧有不少人根本无法胜任高职的教学工作，实际上在众多的高职院校当中这些教师大多依旧肩负着非常繁重的教学工作，因此这也是高职院校应认真思考的一个关键问题。原因在于，教师的素质对学生的培养效果起着非常重要的决定性作用。学生质量的高与低，不仅与高职院校的生存有着非常紧密的关系，同时还和高职院校的发展有着不可分割的关系。

### （七）教学质量不容乐观

一些高职院校的教育质量定位不准确，有向学术偏移的倾向，加上僵化的教学模式、陈旧的教学方法和脱离实际的管理，导致的结果是高职教学质量的偏低。很多毕业生的实践经验缺乏，动手能力较差，专业技术不熟练，整体素质相当薄弱。这些问题是不能漠视的，它们产生的不良后果有可能是致命的。例如一个直接结果是高职学生毕业就业难。

我国高职院校毕业的学生虽然就业率呈现连年增长的良好趋势，但是依旧有很多的高职毕业学生在就职门槛外面徘徊，找不到合适的职业。随着经济全球化趋势的不断发展，以及发达国家把制造业尽可能地外移，我国已经逐渐发展成世界上非常重要的制造业基地，劳动力向第二产业和第三产业流动的速度不断加快。

众所周知，制造业快速发展，除了需要高技能人才，还需要大量的优秀复合型技能人才，这些都是制造业快速发展的重要全新动力源，然而初中及以下的文化程度在我国的产业工人当中占据主体地位，不仅非常缺乏中级技能的熟练工人，高级技师与高级技工同样也非常短缺。总之，无论是高层次技术优秀人才，还是工程技术人员，均较为短缺。这样的结果就是虽然找大学生比较容易，但是高级技师的寻找难度比较大，这样的突出矛盾，导致高职学院的学生在毕业以后，有很大一部分学生派不上用场。

我国大学生的数量和美国大学生的数量相比是比较多的，却只有不到 10% 的学生可以真正满足跨国公司的各种要求。除此之外，我国拥有的专业人士是所有国家当中最多的，有 160 万名，并且在大学生当中占比也是比较高的，有将近三分之一（33%），德国与印度分别有 20% 和 4%。我国的教育体系对理论太过重视，导致适合在跨国公司当中工作的中国年轻工程师数量非常少，最终形成了我国高级优秀人才的供应悖论。

就高职教育来说，各地这几年重视规模扩张，忽视了高职教育机制和教育教学管理体制的改革，教学管理、教学质量存在问题，导致培养出的人才不符合社会需要。此间的问题链是：后滞的教学管理导致了教学质量的低下；毕业生质量偏低，又影响了毕业生就业率的提高，高职毕业生就业率的低下，又反过来影响了高职院校的声誉。尽管学生就业难的原因很多，但高职教学管理存在的问题，无疑是其直接原因。这说明高职教育对劳动力市场的快速反应能力非常欠缺。我国的劳动力市场需要大量技能型人才，但高职教育在机制构建和教学管理上却侧重于培养知识型研究型的毕业生，这就南辕北辙了。

## 二、我国高职教育教学管理问题成因

高职教学管理问题产生的原因是多方面的。特别是高等教育大众化过程的整体背景影响、传统习惯的桎梏、高职院校建设的实践经验制约等，都在很大程度上成为问题的原因。但从教学论的角度来看，从高职院校的内部寻找原因，我们认为，高职教学管理问题的成因是高职教育在具体办学指导方面的思想依旧不够端正。影响与制约我国高等职业教育教学质量的首要因素是办学指导思想是否端正，实际上，我国一些高等职业教育院校的具体办学指导思想并不是非常的端正与明确，体现在以下几点。

首先，欠缺角色意识。严重缺乏对高等职业教育在过去、现在以及未来，对我国现代化建设发挥的重要性作用，同时也比较缺少高等职业教育是高等教育的重要和关键组成部分的正确、全面的认识，将举办高等职业教育作为一种副业的创收手段和方法，对经济效果过于重视和强调，严重忽视了高等职业教育的社会效益。

其次，认识偏颇。部分学校将举办高等职业教育作为变通办法，依旧将主要的精力重点放在普通的教育上面，并且产生只需要努力将普通教育的教学质量提升上去就好了的错误想法，严重忽略了高等职业教育的重要作用，在实际工作当中无法真正地做到平行用力，从而出现了轻视高等职业教育、重视普通教育的不良现象。

最后，大多数教育者没有从理论方面对高等职业教育开展深入的研究和探索，并且没有真正提出解决问题的有效策略。认为高等职业教育和其他高等教育相比较，举办是比较容易的。一方面对高等职业教育的规律、内容等严重忽视；另一方面也在一定程度上面忽视了高等职业教育的专业设置、教材等多个方面的深入研究和探索，不注重改善以及进一步提升教学的重要基本条件。办学思想上面的错位从某种意义上来说对教学质量的快速提升有着非常直接的影响。

高等职业教育最终确立的职业教育观念，除了将终身教育思想作为重要指导，还应该将市场的实际需求以及区域经济的快速发展作为重要导向，全面面向大众的同时做到可持续发展。除此之外，高等职业教育的发展观念应是我国高职教育体系积极顺应世界教育改革的步伐，积极培养出更多高质量、高水准的优秀高等技术应用性人才，以及在全国范围内全面落实科教兴国战略，积极迎接全新知识经济挑战。

当前，我国的高等职业教育面临着各种机遇和挑战，在面对我国高等职业院校和世界各个国家高职院校之间存在的巨大差距，以及越来越严峻的发展形势，同时面对我国高职院校已经取得的成绩，应该进一步对功能的定位进行明确，不断地深化改革，保持健康、持续的发展，尤其是高等职业教育需要不断加强在教学管理方面的深化改革，通过各种努力使教学质量得到较大幅度的提升，以便于为区域经济的快速发展以及市场经济提供更好的服务，将学校努力办成一所现代化、技术型、开放型以及综合性的优秀高职院校，才是我国众多高职院校在发展过程当中的正确选择。

# 第二节　高职院校教育教学管理对策

## 一、我国高职院校教育教学模式的创新

### （一）教学模式创新必要性与教学模式改革策略

1. 高职院校教学模式创新的必要性分析

教育实际上是为社会提供服务的，社会实际需求的不断变化也会在一定程度上使得教育目标发生相应的变化，并且教育的方式与方法也会随着教育目标的改变发生变化。

随着经济全球化趋势的不断深入，我国的经济体制在快速转变的同时，产业革命也在如火如荼地进行当中，这就导致了我国的工作需求变化程度非常大，在其广泛的影响下我国许多的工作岗位逐渐消失，产生了许多全新的工作岗位，这些工作岗位的性质是完全不相同的，并且工作需求在实际市场经济的条件下，基本上每一时刻都在不断地发生变化。以前传统的高度专门化人才培养模式，已经与市场经济实际情况的各种需求严重不相符，高等职业院校设置的专业方

向非常不合理，并且学生的快速适应能力也是一个不可忽视的问题。环境的快速转变对高职院校的学生有着一定的要求，学生需要有快速适应环境的强大能力，以便于和不断变化的实际就业需求相适应，学生的知识一定不可以被局限或者束缚在非常狭窄的方向上面。

因此，高等职业院校在教育教学管理的过程当中必须始终坚持和贯穿将社会经济的实际需求与人才培养结合在一起，对刚性的高度专门化人才培养的局面进行积极的有效转变。高等职业院校全新的教育目标是积极培养出更多的优秀技术人才，这些优秀的技术人才除了具备非常扎实的理论基础，无论是在具体的实践方面的能力，还是在社会适应方面的能力都比较强，并且可以快速、认真地投入相应的工作当中，在工作当中发光发热，贡献自己的力量。

高职院校为了能够顺利实现这一教育目标，在制订和实施全新培养方案的时候能积极围绕实践和理论这两条主线，对培养学生在实践与创新方面的能力进行强调，以便于能够让学生在社会方面的适应能力得到进一步的增强。

2. 我国高职院校教学模式改革策略

第一，高职院校从快速适应现代市场对众多优秀人才的多层次的实际要求出发，通过各种方式将专业知识面进行有效拓展的同时，进一步加强在相关课程方面的积极建设。强调和注重培养学生应用数学的重要能力，以及专业英语灵活应用的相关能力。与此同时，随着时代的发展和科技的进步，我们已经完全处于信息化时代，高职院校为了能够将信息时代对经济类优秀人才的各种需求重点突显出来，还应该努力加强人工智能、计算机类的相关课程的建设。当前，社会中的竞争日益激烈，高职院校为了让学生能够快速适应竞争非常激烈的社会，还可专门开设心理方面的课程，使学生的心理素质可以得到相应的提升。

第二，高职院校在专业拓展的模块当中应该充分依据市场的实际需求，及时、快速地做出相应的有效调整。我们都知道，高等教育和中等教育相比是完全不相同的，学生在长时间学习的过程当中具有了自学能力以后，在专业拓展模块当中，高职院校可以多开设一些涉及面比较广并且课时不多的相关课程，从而使学生的社会适应能力得到有效的提升。

第三，"走出去和引进来"。高职院校在教育教学管理的过程当中应该对社会资源进行充分利用，并且定期邀请优秀的行业专家或者比较知名的学者专门进行各种不同类型的专题讲座，从而使学生的思路得到进一步的开拓和延伸。

第四，高职院校在教育教学管理的时候应该注重和强调培养学生获取知识的能力，以及创新方面的重要能力，通过各种努力和方式不断加强学生在实践当中的相关科研能力。例如，高职院校积极组织学生主动参与教师的科研项目，全面开展学生论文评比活动，从而进一步加强对学生毕业论文的正确指导以及科学、合理的管理。

### （二）高职院校新型培养模式的实施

（1）重新确定新的专业方向

在专业设置的过程当中高职院校应该充分和市场的实际需求结合在一起，全面对即将设置的专业进行详细、认真的市场需求分析和研究，并且专门针对社会岗位群，来设置最终的专业方向。

高职院校在刚开始创立的初始阶段，一般情况下在设置专业的时候，是按照我国传统高校的专业设置方法。随着时代的快速发展，目前我国的高职院校能够通过深入分析和研究社会现有专业人员的能力及相应的知识结构，严格依据社会对专业需求的实际数量、专业特色等，从而为学生设置各个不同专业的选修方向。

（2）对新型的教学计划体系进行积极的构建

为了可以快速适应社会的不同需求，让培养计划既具有针对性，又具有灵活性，高职院校在教育教学管理当中需要准确定位培养目标。现如今，我国的高等职业教育一直发展到现在，积极培养更多的应用型高级优秀人才已经成为一种必然选择，可以说是众望所归，也就是要求学生在真正达到专科教育基本要求的基础上面，对培养学生在实际应用方面的能力进行重点强调和突出，同时努力提升学生在自主学习方面的相关能力，以便于使学生的个性化发展需求得到充分满足。

（3）课程设置的模块化

高职院校在教育教学管理的过程当中应该严格按照模块化的重要思想，对教学计划进行相应的调整和优化。课程设置由通识课程模块、专业选修模块、专业群必修模块、专业核心模块、拓展模块五个方面构成。通识课程模块主要包括三类课程：一是政治素质；二是身体素质；三是文化素养。专业选修模块主要是专门针对社会未来的职业岗位群以及专业方向，为学生设置各种方向的选修课程。专业群必修模块主要包括的范围是专业群共同的重要必修课程。专业核心模块主要包括的是本专业非常重要的必修课程。拓展模块为学生提供了非常多的证书项目、边缘课程等，从而让学生有不同的选择。

（4）双纲双线的教学培养体系

我国大多数的高职院校目前并不具备招收本科学生的相关资格，只有和高校相互合作才可以开设本科专业。高职院校在和高校合作的期间，教学计划几乎全部采用了高校的教学计划，这也使得高职院校完全继承了高校对基础理论教育重视和强调的传统，严重忽视了对学生毕业之后实际工作需求的全面综合考虑。

高职院校在完全具有了自主的本科办学资格以后，能够充分依据自身的实际发展情况，采用双纲双线的独特教学培养体系，它主要指的是有效兼顾实践与理论两条重要的主线，实践和理论的教学大纲采取同步实施的策略，从而培养出更多的应用型优秀人才，并且这些应用型优秀人才还具有非常强的实践能力。

（5）将专业选修的比例扩大

在开办的初期阶段，因为高职院校受到多个条件的限制和束缚，通常情况下设置的专业方向比较单一，这使得学生只能按照固定的专业方向入学，一点选择的余地都没有。随着我国教育事业的不断发展，高职院校的办学条件得到了改善，部分专业开始设置多个不同的专业方向，以便于能够快速适应社会的不断发展，使学生具有自主选择的权利，需要注意的是学生只可以在已经确定的教学计划当中，去选择某一个专业方向的固定课程组合，无法随意选择课程。

专业的设置对课程设置的专业性非常重视，反而对学生在就业市场需要的灵活适应的重要能力，并不需要过分的思考。高职院校在所有条件都成熟以后，课程设置一方面要全面综合考虑培养学生在专业方面的技能；另一方面也应该对市场需求的实际变化以及学生就业形势的变化情况进行认真、全面的考虑，把积极培养学生在行业当中快速适应的能力放在重要的位置，从而有效扩大高职院校专业选修课所占的比例，让专业课程真正实现整体的结构优化。

除此之外，高职院校在教育教学管理的过程当中不可以将学生限制或者束缚在某一个固定的专业方向上面，要让学生能够自由地选择课程，既学习海量的知识又学习重要的技能，并且对知识与技能进行更加充分地掌握，做到灵活运用，最终让学生在社会适应方面的能力变得更强。

（6）任务驱动式教学模式

任务驱动教学模式从某种程度而言是一种完全建立在积极构建主义理论基础上的教学模式。任务驱动法于20世纪90年代开始在国际技能类教学当中正式使用。任务驱动教学方法主要指的是学生在教师的正确指引和指导下，通过各种不同的方式，如感知、体验等努力地实现任务的相关目标，学生在感受相关任务的成功要素与经验以后，逐渐形成技能和知识。

例如，教师在课堂上面为学生统一授课以后，把学生分成几个小组，并且由用人单位的众多优秀的专家、双师型教师等构成重要的指导教师队伍，带领各自的小组成员（学生）进行实际的上岗训练。每一名教师带领一个项目组，一个项目组由4～5名学生组成，学生在教师的正确引领下直接参与企业的重要审计工作。指导教师在此时担任非常重要和关键的项目负责人，为每一名学生分派相应的项目，让学生进行具体的审计。学生重新进入另一家企业之后更换审计项目，在顺利完成几家企业的审计工作以后，指导教师在此时就可以适当地放手，并且在项目团队成员当中选择比较优秀和出色的学生，让他担任重要的项目负责人这一职位。该模块设计得非常真实，具有一定的挑战性，同时利用比较开放性的问题与学习环境，进一步诱发、驱动以及有效支撑学生充分思考、解决各种问题，在为学生提供重要锻炼机会的同时，也全面支持学生对学习内容、过程进行及时的反思。学生不断完成教师布置学习任务的相关过程从实际意义上来说，就是学生不断提出和解决问题的重要过程。

（7）合作交流教学模式

一种积极追求人本化培训理念的教学模式是参与分享，其中合作交流是将静态模式转变成动态模式，从而为学生提供更多相互合作和交流的重要机会。

因此，高职院校能在一些课程当中专门设置具体的实践环节，要求学生应该严格按照提供的相关案例，与已经学习和掌握的理论知识充分结合在一起，学生在通过独立思考—小组讨论—课堂讨论—教师评价这些过程以后，不仅知识与能力得到了快速的增长，而且团队协作能力也有所提升，另外相关课程也进一步完成从感性、理论到理性、实践，之后再从实践到理论的成功飞跃。

（8）案例教学模式

该模式是指教师在课堂上面为学生详细地介绍案例的相关背景，并且为学生仔细地分析案例，从个别到一般，让学生进行总结和归纳，最终让学生学习的主动性和积极性得到快速提升。

因此，高职院校在教育教学管理的过程当中能够通过专题的形式，专门为学生开设与其相对应的专业课程，不仅能够和实际充分联系在一起，还可以有效地拓展教学空间。

（9）现场诊断教学模式

该教学模式能够将高职院校的特色充分突显出来，定期邀请部分优秀的专家或者学者到学校，为学生讲授行业最新的发展趋势，同时组织和开展与职业有关的各种培训，之后安排学生到各个企业，既参与实际的相关调研又参与实践，让学生在现场发现存在的各种问题，并通过已经学习和掌握的有关知识去解决各种问题，以便于使学生以前被动听讲的状态得到改变，最终让学生的在应变方面的能力得到较大幅度的提升。

（10）构建校内外实训实习基地

我国高职教育的重要和关键环节是实践教学，同时实践教学也是学生获取知识、培养学生能力的重要步骤，是不可忽视的。实践教学环节的重要组成部分是实训实习基地，因此高职院校应该充分按照专业教学的实际需要，以及教学改革、课程建设的实际需求做出更好的建设。高职院校无论是在建设校内实训实习基地，还是建设校外实训实习基地，均能够按照教学的实际流程和专业设置来建设，通过其具有的实用性与科学性，对学生分析和解决问题的重要能力进行全面的培养，与此同时还可以在一定程度上培养学生在团结协作与创新方面的相关能力，从而使学生的学有所用、学以致用和以用促学得到充分保证。

## 二、我国高职院校课程改革与创新

### （一）高职院校必须加快课程改革

我国的高职教育在发展的过程当中，尤其是在课程改革上面从德国"双元制"、加拿大"CBE"等多个不同的国家引进很多比较成功的课程模式。这些课程模式的引进虽然对我国高职课程观的有效转变有着重要的作用，但实际上实施的效果并不是很理想，主要原因是这些课程模式实施环境变化严重的滞后，无法充分满足要求的基本条件，从另一层面来看就是在设计教学策略的时候没有与我国实际的客观条件结合在一起进行更好的创新。因此，全面培养面向不同地区和生产技术发展水平，以及企业职业人才的高职院校，具体实施项目课程应该有不同的教学策略设计。

高职教育肩负着培养高素质技术技能人才，尤其是我国现在服务业和制造业非常紧缺的优秀高技能、高素质专门人才的重要责任。目前，高职院校应该将之前以传授学生知识为主的课程模式进行相应的转变和调整，确立全新的课程模式，并且可以和生产一线实际要求的技术与职业能力相符合，同时积极开发可以全面促使学生乐学、会学以及有实效的课程和教学模式，并且成为我国各个高职院校教学领域深入改革的主流模式。

高职院校此类全新的课程模式要求的课程活动方式主要包含两种要素，即产教结合与主体转移。前者主要是提供学生形成重要能力的必要条件与背景，不可缺少；后者主要是由教师传授学生知识为主，以及成功转变为学生主动学习活动为主。简单来说就是，要求企业和教学的生产实际非常紧密地结合在一起，将以前传统的灌输式教学改为指导式教学，积极倡导以学生为重要主体，职业活动项目为具体导向的教学，通过各种方式努力提升学生学习的积极性、主动性，所以高职院校比较理想的课程活动方式是必须充分依靠企业，来全面实施将职业实践活动作为重要导向的主动性学习。

### （二）多媒体课件的开发与应用

随着时代的发展和科技的进步，人们已经完全处于先进的信息化时代，各种先进的教学设备层出不穷，其中有着较强重现力与表现力的多媒体课件，不仅可以起到传授学生知识的作用，还可以起到全面培养学生自主学习能力与良好习惯的重要作用。

从实际情况来看，当前在大量运用的课件中，仅停留在用 PPT 制作一些章节目录、图文解说的动画层面，教师在课堂上教学的时候将课件投影在屏幕上，之后在此基础上面稍加发挥。此种课件实际上就是"课本搬家"，已经和高职教学的要求严重不符合，和生产实际有着非常大的差距，所以必须进行相应的深化改革。高职院校教师制作的课件，一方面要让学生对毕业之后工作的设备、仪表以及检测技术的各种应用十分熟悉，能够做到灵活运用；另一方面也应该让多媒体课件除了成为自主学习的重要工具，也应该成为教材的拓展与补充。

众所周知，21世纪无论是科技还是信息都非常发达，是真正的"互联网+"时代。网络教育通过超文本和多媒体的方式将各种教学信息充分地呈现出来，不仅具有传播画面广和声音图形非常清晰的特点，还具有画面生动、色彩艳丽以及形象逼真的特点，能够将文字教材难以展现的知识内容更好地呈现给学生。

教师既在课堂上对新型课件灵活地运用，又充分借助先进的网络技术，在教学网站上面把所有制作好的课件放上去，并且专门配以相应的授课录像，这样能够为学生提供"自主学习"的重要条件以及良好的体验，同时还能够让全社会的学习者共享。

## 三、我国高职院校教学创新策略

为适应和满足经济社会发展的需要，我国把职业教育的发展放在了一个空前的高度。2019年，《国家职业教育改革实施方案》明确指出：职业教育与普通教育是两种不同教育类型，具有同等重要地位。

### （一）更新教学理念

随着全球化趋势的不断加深，我国的社会经济在其影响下也在进行着较为深刻的变革，同时职业教育也迎来了快速发展的良好时机，教师需要对高职教育的特征与性质进行重新认识，在树立正确教学观和人才观的同时，也应该树立正确的质量观。教师在教学当中的作用也从根本上产生了变化，由以前学生知识的传授者，转变成学生的主持人、咨询者以及重要的指导者，教师虽然从教学的过程中的知识主要讲授者逐渐淡出，但是却并不会对教师作用的充分发挥产生影响。

从实际意义上来说，是提高了对教师的要求。教师应该进一步明确高职教育应该将职业岗位作为重要的导向，将职业技术能力作为关键性的基础，同时将充分满足职业岗位的各种需要，以及实现学生零距离上岗就业作为最终目标，培养的是无论是服务一线还是生产一线，均是高素质、高水准的技术技能优秀人才。高职院校的学生在毕业之后应该具备较强的技术应用能力，具有比较宽的知识面。另外，高职院校应该将"应用"作为重要的教学主旨与特征，来积极构建教学和课程内容体系，同时高职院校实践教学的主要目的是积极培养学生在技术应用方面的相关能力，并且在实际的教学计划当中占据比较大的比重。

### （二）正确选择和使用教材

我国高职教育的规模虽然得到了非常快速的发展，但是其重要的内涵建设是永远不可以停止的。首先，我国近几年出版的精品优秀教材数量较少，原因在于教材没有将我国高职教育当中的特色充分体现出来。其次，出版的教材内容有很多的空白与不足之处，和生产实践有着非常严重的脱节现象。因此，需要教师在教学的时候对其进行不断地创新与完善。教师在课堂上开展教学的过程当中合理取舍教材内容，并且对教材内容适当补充市场实际需要的全新内容，从而让课程内容可以紧随时代的前沿与潮流，同时让学生毕业之后能够快速进入相关岗位角色，并且熟练掌握必要的操作技能。另外，教师在教学的时候也应该对多个方面进行明确，如知识点、操作步骤等，以便于可以正确指引和指导学生正确技能的最终形成，教师只有真正地做到这些，高职院校的教学内容才可以变得"鲜活"起来，此外还可以使课程的实践性、灵活性以及适应性得到进一步的有效增强，最终全面构建充分适应社会经济建设，与个人发展的实际需求的相关课程体系。

### （三）创新教育教学方法

首先，教师在教学的过程当中应该将学生作为中心。在传统的教学当中教师因为受到应试教育思想的深入影响，在教学的过程中处于比较中心的地位，是知识的重要灌输者与传播者，学生作为知识的灌输对象，属于被动接受者，此种情况对快速提升学生的综合素质是非常不利的。教师在全新的教学模式下面，既是教学活动的重要组织者，又是教学活动的相关指导者，学生的角色也发生相应的转换，成为知识的主动探究者与发现者，应该积极提倡生动、活泼的教学方法，如"参与式""启发性"等，鼓励学生在学习过程当中独立地思考。教师在具体教学实践的过程当中能够采取研讨式的教学方法，不仅可以让学生学会自主学习，还可以对学生的岗位能力进行更好的培养，以便于快速适应终身学习的要求。该教学方法无论是内容还是过程，均具有一定的动态性与开放性，能为学生思维能力、表达能力等培养提供非常重要的机会。

其次，教师在具体教学的过程当中应该注重和强调对现代化教学手段的应用，通过多种形式组织和开展各种有趣的教学。除此之外，教师也应该积极创造各种有利条件，进行相关的现场教学，并且充分对照实物进行更加科学的理论教学，这样不仅能将学生学习的兴趣进一步激发出来，并且让学生学习的主动性和积极性充分调动出来，还可以在一定程度上面让学生的感性认识得到全面的增强。

### （四）加强实践操作教学

高职教育的特色从某种程度而言实际上是形成以学生能力培养为中心，同时形成以分析问题与真正解决实际问题为最终目标的独特教学模式。首先，教师在教学的过程当中充分依据本专业设定的培养目标，把实训内容分成各个不同的层次，如基本技能、专业技能等。其次，教师在教学的时候严格按照已经划分好的层次要求，确定最终的实训课程，并且积极制定每一门课程的实训教学大纲。

最后，教师应该充分按照每一门课程的相关实训要求，把每一门课程相关的实训内容分成最基本的训练单元，并且这些基本训练单元都是可以独立进行的，各自对应一个项目。除此之外，教师在对学生开展和组织实践教学的过程当中，应该充分将对学生的职业技能训练和职业素养的全面培养，有机地结合，从而真正做到在全面培养和训练学生职业技能的同时，又可以在一定程度上注重和强调和教学内容有效结合在一起，积极培养学生在职业方面的重要品质，让毕业学生的素质得到全面的有效提升。

### （五）建立新型的师生关系

随着科学技术的快速发展，各种先进的科学技术日益发达，日新月异，全新的材料、技术和工艺层出不穷，社会的分工在此影响下也逐渐细化，教师也不太可能对所有的技能都精通与掌握。学生在学习的过程当中获取知识的渠道在科学技术的发展下也越来越多，因此在知识方面教师的权威地位受到了非常大的挑战，所以教师和学生非常有必要建立全新的关系。

全新型的教师和学生关系主要指的是相对互动与平等的关系，能够在课堂上积极、主动地讨论存在争议的相关问题。当学生掌握的信息比教师更加具有信服力的时候，此时教师应让学生将自身的想法充分地表达出来，做到共同讨论与学习，最终让大家实现共同进步。教师在教学的时候只有这样才可以将知识的求实性与客观性充分地展现出来，进一步鼓励、激发和发展学生在创新方面的重要能力，树立他们挑战权威的相关创新精神。

## （六）培养学生全面发展

随着时代的快速发展，我国的社会当前正处于深刻变革的重要时期，现在的学生在先进时代的影响下自我意识是比较强的，因此在面对多变和复杂社会的时候，会不可避免地产生困惑。在实际教学活动的过程当中，教师能够用一系列积极的思想去影响学生，做到真正地教书育人。众所周知，职业知识是非常重要的基础，职业能力对教师而言则是非常关键的，人格和素质是根本，三者之间是统一的。

人们将教师比作人类灵魂的工程师，教师在教学的时候除了需要传授学生在专业方面的知识和技能以外，也应该注重和强调对学生健康的心理，以及健全的人格进行相应的全面培养，科学、合理地指引和引导学生正确地进行和自身适合的专业定位，让学生可以主动、积极地接受终身学习的重要思想，全面培养学生积极向上的重要精神，以及在自主创业方面的相关意识，以便于更好地迎接学生在未来职业生涯当中遇到的各种困难与挑战。

## （七）改进学生评价制度

各种考试是衡量学生学习效果的标准。高职院校要大胆创新与尝试学生的相关评价制度，教师在教学的过程当中应该始终坚持高职院校教学培养高素质、高水平技术技能优秀人才的重要指导原则，在选择考核方式和方法的时候能严格按照考核科目的有关特点，充分运用开卷、口试等灵活和多样的考核方法。其中，客观题是传统闭卷考试的主要形式，对进一步提升学生在综合分析以及解决问题方面的重要能力是非常不利的，并且无法培养学生在创新方面的能力。

与此同时，建议教师在教学时面对部分操作性比较强的专科课程的时候，灵活运用实际操作和口试辨析有关的测试方法，这样能够全面培养学生在学以致用方面的重要能力，这对高职教育来说是比较适合的。

# 第五章　基于现代教育理念的高职院校
# 教育教学管理的构建

本章主要阐述基于现代教育理念的高职院校教育教学管理的构建问题，从五个方面入手，分别是基于以人为本理念的高职院校教育教学管理建设、基于全面发展理念的高职院校教育教学管理建设、基于素质教育理念的高职院校教育教学管理建设、基于创新理念的高职院校教育教学管理建设、基于开放理念的高职院校教育教学管理建设。

## 第一节　基于以人为本理念的高职院校
## 教育教学管理建设

### 一、以人为本教学管理的内容

#### （一）以学生为本

首先，高等职业教育的交易性要求高职院校应该以学生为本。我们都知道，学生在大学期间接受高等教育，不仅能够获得具有一定含金量的学位证和毕业证，学生又可以掌握技能，可以用来获取更高收入的同时，又可以让学生自身的事业获得更大的成功。因此，有很多的人愿意为了高等教育买单。学生在接受高等教育服务的过程当中也应该缴纳学习的费用，这也使学生获取的知识有了交易性。作为消费者，学生在缴纳学费的时候，也享有一定的消费者权利，高职院校也承担着作为教育服务提供者应向学生提供一系列服务的相应义务。所以，高职院校在教育教学管理的时候应该以学生为本，充分满足学生的各项教育实际需求。

其次，人们对学校教育的最终选择，促使和推动高职院校以学生为本。随着我国教育事业的不断发展，买方市场在其深入的影响下缓慢形成，高职院校和高职院校之间的相互竞争变得越来越激烈，同时求学者的主体意识得到不断的增强，当学生家长和学生携带相应的教育投资或者钞票进入高等教育服务市场的时候，一方面能够在很多的教育服务提供者当中进行更好的选择，另一方面能充分按照学生自身对高职院校的一系列观察、了解、比较以及有效地判断，做出最终的决策。高职院校真正把学生利益放在重要位置，并且对学生的不同需求以及实际发展情况有全面综合的考虑，对人才培养的整体过程进行积极和努力的优化，那么该高职院校就会受到学生的偏爱、青睐和选择，这些也在一定程度上面促使和推动高职院校以学生为本。

最后，学校的发展之本是学生。高职院校快速发展的重要基础要素是学生，同时学生也是充分和外界公众有效、紧密联系的重要途径。学生一方面是高职院校知名度快速提升的首个重要传播者，因此高职院校让学生作为信息传递的中介非常具有战略作用和意义；另一方面也是让教师教学质量得到较大幅度提升的一个关键因素。学生和教师之间良好的关系，不仅是进一步提升学生学习效果的重要因素，也能够让学生对高职院校有所理解，从而真正地做到自觉维护高职院校的良好形象。高职院校将学生作为自身发展之本，原因在于高校要发展的关键是学生是否有一定的能力和素质。因此，高职院校在教育教学管理的过程当中应该始终坚持以学生为本，通过各种方式全力提升人才培养的质量，从而最终促进和推动学生的全方位快速发展。

**（二）以教师为本**

首先，高职院校的重要教育教学资源是教师。学者与教师集中的地方是大学，并且大学在较大的程度上等同于教师。大学服务学生的重要资源是教师，大学没有教师，从某种程度而言就不是完全意义上的大学。大学没有优秀的教师为学生提供更好的优质服务，就不可能有较高质量、高水准的大学教育。

其次，高职院校发布任务的主要实施者是教师。高职院校在教育教学管理的过程当中应该将培养人才作为中心，积极开展和组织教学、科学研究以及社会服务，通过各种努力充分保证教育教学质量真正达到国家规定的相关标准。教师是教学工作、科学研究以及社会服务的主要实施者，因此需要由教师来完成与履行，高职院校也应该以教师为本。

最后，让学生充分享受优秀教育服务的重要前提是进一步调动和激发教师的主动性、积极性。假如将大学作为教育服务组织，那么让大学赖以生存和发展的重要基础就是让学生、顾客或者消费者真正地满意，同时这也是大学在办学过程当中应该始终坚持的重要原则。一般情况下，主要通过教师的教育教学工作让学生满意，并且这也依赖于教师的一系列优质服务。高校只有通过全面实施以人为本的管理，才可以将教师的主动性和积极性充分激发和调动起来，让教师在教学的时候更加充满热情，有效地组织和开展教育教学，从而最终让学生（求学者）对高校的满意度得到较大幅度的提升。教师的能力、人品以及献身精神从实际意义上来说，对教育的质量以及学生的学习成绩有着非常重要的决定性作用。

学校应该将以教师、学生为本之间的关系处理好。学校在教育教学管理的时候不仅要坚持以教师为本，也应该坚持以学生为本，不可偏废。学校以学生为本积极建立全新型的教师与学生关系，实际上也是现代教育的根本要求。培养人才是教育工作的本质所在，并且学校各项任务的重要核心是育人，同时这也是教师教学工作最为重要的职责。实质上，教育现代化的重要和关键组成部分是教师和学生之间形成平等的关系，需要注意的是教师和学生之间平等的关系并不代表着要对教师的主导地位进行否定，而是要求教师在教学的过程当中应该充分地尊重和关爱学生。

高校以教师为本，教师首先应该自尊、自爱、自律和自重，不仅做到学为人师，也应该做到身为正范。除此之外，以教师为本也应该做到尊重教师和关爱教师。学校在教育教学管理的时候应该在充分代表教师根本利益的基础上，正确指引和引导教师真正担负起教书育人的使命，以一种非常巧妙的方式将以教师为本与以学生为本结合在一起，只有这样学校的教育教学管理工作才可以做好，并且教育教学改革才可以真正地向前推进与快速发展。

## 二、基于以人为本理念的教学管理建设策略

### （一）贯彻以人为本的校长理念

1. 树立以人为本的校长理念

学校的法定代表人是校长，并且校长也是学校管理的主要领导者和教学管理的第一责任人，其理念对学校他人的理念有着非常直接的影响和决定作用。所以，校长应该通过各种方式不断地追求自我完善，一方面要有较为健康的身体，同时也应该有优秀的品德、良好的行为规范以及非常卓越的领导才能；另一方面又应该在思想观念上面有一定的新意。校长应该充分用自身行为，以及各种先进的理念去深入影响、教育、熏陶、帮助以及有效管理全校的师生员工，成为师生全方位成长的重要力量源泉，以及师生行为、行动的重要指南和准则，同时成为学校在教学管理过程当中的重要助推器。

校长要将以人为本的理念充分树立起来，那么以校长为重要代表的学校领导的相关观念，也一定会在其深入的影响下变得更加新颖。与此同时，学校教学管理改革的具体实施者——教学管理人员，就会在全新理念的一系列正确指引和引导下，始终坚持以教师和学生为本的理念，将主观积极性与能动性充分发挥出来，同时真正贯彻以人为本的重要思想，最终把以人为本的重要教学管理全面落实。

2. 加强教学资源建设

学校在教育教学管理的过程当中积极树立以人为本的理念是先导，同时教学资源建设是非常关键的基础，假如学校在教学资源方面比较缺乏，那么是不可能真正做到以人为本的，所以以校长为代表的学校领导需要将"千山万水""千方百计""千辛万苦"等的精神充分发出来，通过各种方式积极筹措经费，吸纳更多的优秀人才，同时不断加强教学基本建设工作，如师资队伍、课程等，以便于为全面贯彻实施以人为本的重要教学管理理念奠定坚实基础。

### （二）贯彻以教师发展为本的理念

1. 尊重信任教师，促进教师专业化发展

第一，给予教师充分的尊重和信任，积极树立教师在教学当中的主体地位。

教师从实际意义上来说是有修养、知识以及文化的特殊群体，尤其是对自我实现和尊重的需要表现得非常突出和明显。学校的管理者在教学管理建设的时候应该充分尊重教师，并且尊重教师在学校教学管理工作的重要主体地位，对教师的作用进行正确、科学的估计，从而真正做到知人善任，将其特长和优势充分发挥出来。与此同时，对教职工当家做主的权利给予充分地尊重，在发动教职工积极、主动参与学校教学管理工作的同时，也应该充分吸收教职工参与学校各种与其相关的教学管理工作，从而将教师主人翁的意识以及工作动机进一步激发起来，将教师的积极性和主动性调动起来，最终让教师能够在实际开展教育教学工作的过程当中全身心地投入其中。

第二，学校努力为教师创造条件，让教师的业务水平得到有效提升。学校是师生发展的重要摇篮，如果没有教师的进一步发展，那么就没有学生人格的健全发展，以及素质的全方位有效提升。教师作为一个比较特殊的群体，对追求人生价值的实现是非常渴望的，因此教师需要对全新的"营养"进行不断的汲取，只有不断地丰富和提升自身，才可以为学生提供更多、更好的服务。

学校需要通过各种方式努力为教师创造条件，让教师的业务水平得到一个较大幅度的提升，促使教师得到全方位的有效发展。学校快速发展的重要保证与前提是教师的全方位发展。学校要最大程度地鼓励和激发教师积极地探索创新，形成教师自身非常独特的工作作风与教学风格，对教育教学的规律进行创造性地灵活运用，将其主观能动性充分地发挥出来。学校应该尽可能地将自身建设成学习型的组织，正确引导教师确立终身、全过程以及团体的良好学习观念，积极创设学习氛围，努力将学校政治化的气氛淡化，全面打造开放式的良好管理氛围，从而使教师可以真正地参与学校管理当中，逐渐形成共同的价值观，最终将学校的意志成功内化为教师个人的相关意志，将学习的动力充分激发和调动起来。

学校在教育教学管理的过程当中应该全面实施科教兴师的重要战略，正确指引和引导所有教师积极走上从事部分研究的道路，让教师成为教育科研的重要主力。除此之外，学校也应该对教师的在职培训进行相应的强调和注重，为教师提供和创造各方面的有利条件，通过一系列的鼓励措施，快速、有针对性地对教师提出更好的具体发展要求，让众多的优秀教师可以顺利地进行各种培训，不断促进和推动教师的快速进步、提高以及全面发展。

2. 树立四个管理理念，促进教师全面发展

第一，树立正确的"情感管理"理念，不仅为教师打造一个良好的生活空间，还为教师打造良好的心理空间。将师生员工工作的积极性和主动性充分激发和调动起来，是高职院校教学管理活动中的一项重要任务，所以其管理者需要重视和强调多个方面的因素，如情感、体验等。高职院校应该积极打造一个融洽与和谐的良好校园环境，最大限度地减少和避免相互之间的摩擦与误解，让教师和学生之间的情感得到合理、科学的有效表达，并且保持稳定的情绪，在舒适、愉悦以及轻松的良好环境与氛围当中学习、工作和生活。特别是随着教育事业的不断发展，大众化高等教育时代已经到来，同时社会也在不断提高对优秀人才培养的质量要求，在其广泛的影响下师生面临学历提升、就业困难等诸多的压力与竞争。教师和学生在面对诸多压力的时候，其自我调节能力会有所下降，在心理方面非常容易出现失衡现象，假如没有及时、有效地调整与解决这些问题，就会对教师和学生的社会适应性产生非常严重的影响，从而最终对师生的身心健康造成负面影响。所以，重点关注和强调师生的身心健康，为教师和学生积极打造良好的生活空间，以及较好的心理环境，从某种程度而言是全新时期高职院校管理的重要任务之一，不可忽视。

第二，树立正确的"制度管理"理念，促使教师养成良好的工作习惯。"以人为本"的情感管理虽然对人的主体性非常地强调和注重，但是并不代表着排斥所有的理性。众所周知，学校是教育培养学生的地方，应通过各种方法努力保证教育教学工作正常开展的同时，有序稳定地高效运转，因此需要通过制度加以规范。需要注意的是，在制定教学管理制度的时候，不仅要严格遵循教育教学、教师和学生健康成长的规律，也应该和相关的法律、政策规定相符合，并且也应该积极地发扬民主精神，征求更多的意见，以便于将大部分人的创造性、主动性与积极性充分地激发和调动起来，从而最终得到更多教职工的广泛支持和强烈拥护。在执行制度的过程当中应该做到以下两点：首先，真正地做到赏罚分明，不论亲疏；其次，在制度执行的时候应该以德为辅，以导为主，积极做好各种指引和引导工作，不用制度压人，同时要让工作的管理充满人情，以及让外在的规章制度在具体执行的时候逐渐产生一定认同和教育的重要作用，之后在潜移默化当中形成非常自然的习惯，逐渐内化

成人的良好品德、个性。

第三，积极树立"民主管理"的相关理念，将教师的责任感充分地发挥出来。以人为本的教学管理当中一项非常重要和关键的内容是积极培养教师和学生重要的主人翁意识，让教师和学生积极、主动地参与到具体的教学管理活动当中，从而在实际参与教学管理的时候，让教师可以实现自我价值，以及进一步获得自我实现需要的充分满足。因此，高职院校的教学管理者应该通过各种民主管理渠道，既要认真听取教师对教学管理的众多意见，也应该真诚听取教师对教学管理的一系列有益的建议，让所有教师均具有主人翁的义务感，以及相应的责任感，让决策的科学性得到一个较大幅度的提升，并且让教师的士气也得到一定的增强。除此之外，在具体参与教学管理活动的时候，教师也应充分按照高职院校最终的发展目标，自主地制订相关计划，认真地实施控制，以及快速实现设定的目标，将参与教学管理活动以一种巧妙的方式发展成自觉实施管理，从而实现更高层次的全面自主的有效管理。

## （三）树立以学生发展为本的理念

第一，对学生身心健康发展的基本规律和实际需要给予充分的尊重。通过各种方式促进学生身体和心理的健康发展，严格按照学生身心发展的规律，积极开展和组织教育教学、教学管理的具体工作，从某种程度而言是素质教育最基本的要求。所以，一方面要充分尊重学生身心和心理的发展规律，另一方面也应该尊重学生的人格和实际需要，为学生努力营造人性化的良好学习条件，同时积极培养学生的学习兴趣，促使和帮助学生在学习和研究的时候更加具有主动性和积极性，从而使学生在成长的道路上，可以自觉、主动地对未知领域进行积极大胆的探索。在制定和修订人才培养方案的时候，既要考虑学生的实际接受能力，也应该考虑学生的智能结构和知识水平，有序地设置课程类别和学习的先后顺序，并且充分依据客观情况的变化，及时、合理地做出相应的调整和完善，以便于快速适应学生。

高职院校在教学过程管理的时候应该将学生是主体、教师为主导的相关观念充分地展现出来，根据学生在学习过程当中的具体情况，选择合适的教学方式和方法，将学生学习的浓厚兴趣充分地调动起来。另外，高职院校在教学基本建设的过程当中，也应该全面考虑学生的身心健康发展，以及学生的实际需要。高职院校的教学管理者在日常的工作当中应该对学生的学业给予足够的关注，并且对学生的学习予以正确指导；重点关注学生在心理方面的诸多问题，及时有效地疏导和咨询，以便于确保学生在心理方面可以健康成长，在学习的时候做到全身心的投入。在具体的工作细节上面，高职院校的教育管理者应该充分按照学生的实际需要做出恰当的设计，如学生毕业的时候，邀请家长到学校参加毕业典礼等。综上所述，高职院校应该通过各种方式和方法，努力为学生的学习、发展以及生活提供好的服务，从而真正做到关爱和尊重学生的一切以及一切学生。

第二，充分尊重学生在自主选择方面的权利。高校学生无论是身体还是心理均已经趋于成熟，普遍比较理性，高校每一位学生都有着自身的追求和理想，同时还具有一定的选择和甄别能力，因此需要对学生的意愿给予充分的尊重。每一名学生都是独立存在的个体，这也就使学生不仅在智力结构和知识水平方面都是不同的，还导致学生在兴趣爱好和理想上面也存在差异，因此学生的选择也会有所不同。也正是因为如此，高职院校教学管理的各个方面都应该对学生的自主选择给予充分的尊重，同时还要尊重学生的意愿和兴趣，最大限度地为学生创造有利条件，进一步满足学生多个方面的合理、科学的需求，如选择专业、教师等，从而对学生的健康成长更加有利。

第三，对学生发展的个性差异给予充分的尊重。传统的教学管理对共性十分注重和强调，严重地忽视了学生的个性，以学生为本的相关教学管理与其相比，则非常尊重学生的差异性。尊重学生的个性差异主要包括以下两点：首先，承认学生在实际发展过程当中存在的差异性，教学从某种意义上来说就是要努力找到每一位学生发展的起点，让学生可以在原来的基础上，以及完全不相同发展的起点上得到最优的全方位快速发展；其次，承认学生在发展时候所具有的独特性。依据多元智力方面的相关理论，人的智力包括音乐、操作等多个不同的维度。因此，教师在教学的时候应该最大限度地发展每一位学生巨大的发展潜能和聪明才智，努力捕捉每一位学生身上展现出来的创造力，不追求每一位学生各个方面得到平均的发展，而是让每一位学生可以形成独属于自身的鲜明个性与特色。除此之外，教师在教学的时候也应该了解和热爱学生，一方面按照学生的实际生理与年龄特征进行教育教学，另一方面也应该按照学生真实的心理差异进行灵活的教育教学。教师在具体教育教学的活动当中除了需要处理好个性发展和全面发展之间的关系，也应该尽可能地处理好共同性和个别性、灵活性和统一性之间的关系。教师应该在实际教学的时候努力找到每一位学生巨大发展潜能的同时，也努力寻找每一位学生发展的重要起点，做到因材施教、区别对待，采用分层教学的方法，以便于让每一位学生都可以在原来的基础上面得到全方位发展。

# 第二节　基于全面发展理念的高职院校教育教学管理建设

## 一、全面发展教育理念的内涵

### （一）人智力和体力的全面发展

体力和智力的全面发展不仅是人全面发展含义当中最为基本的层次，也是人全面发展的重要核心。人发展与存在的主要方式是劳动，劳动从某种意义上来说创造了人，人通过劳动的具体方式，在对客观世界改造的时候，也在对自身进行一定的改造，并且劳动不断发展的过程当中让自身获得进一步的发展。人从事所有劳动的心理基础和生理基础是人的智力和体力，人任何内容和形式的活动，实际上均是对潜藏在人体内智力与体力的一般运用。

马克思不仅对智力与体力统一协调发展非常关注，对智力的发展也非常重视，将智力劳动，尤其是自然科学的发展看作现代生产力快速发展的重要和关键来源。固定资本的发展已经充分表明，一般的社会知识已经成为最直接的生产力，使社会实际生活中的具体条件受到一般智力的控制，并且严格按照此种智力得到一定的改造。随着时代的进步和科学技术的快速发展，现代科学已经揭示，人类有着非常巨大的智力潜能，同时直到现在人类也只是利用了很少的一部分。

### （二）社会关系的全面发展

实际上，社会关系对一个人可以发展到何种程度有着非常重要的决定性作用。人和人之间在相互交往的过程当中，在多个不同的方面得到交流，如心理、信息等，并且人在交往的时候受到启发，相互之间取长补短，最终让自身变得更加丰富和充实，同时也得到了不断完善与发展。随着历史的发展和社会的快速进步，个人在其深入影响下开始广泛地参与各个层次和领域的社会交往，简单来说就是和整个世界的精神与物质生产进行比较普遍的相互交换，一方面不仅让个人可以充分摆脱个人、地域以及民族的狭隘性，还可以让个人的视野得到拓展，观念得到不断的更新；另一方面既可以提高、显示个人的聪明才智，同时在全面服从社会利益的时候，得到历史与社会的充分尊重，顺利实现个人的重要价值，在相互交往的过程当中逐渐形成良好的社会关系。

### （三）人的需要的全面发展

人的需要除了是人自身的规定性，还是人所有活动的重要内在动力和源泉。为了可以充分满足自身的实际需要，人需要从事各种不同的劳动以及其他社会活动，最终人通过社会交往与劳动获得一定的满足，与此同时需要的满足和满足需要的劳动，又重新产生了需要。人的发展与生存包含了多种需求，主要包括了物质、精神、情感等多个方面的需求，同时人也生活在一个物质和精神的世界当中。

在自然的经济形态当中，因为低下的生产力，导致社会产品非常的匮乏，很多的人迫于生计，只能去努力追求用于维持生存需要的各种物质。随着资本主义工业的逐步建立，促使生产力得到了非常快速的发展，虽然人们的物质生活水平也得到了非常明显的提升，人们的物质需求也得到了一定的满足，但是人们的精神依旧非常空虚和贫乏，精神方面的需要得不到相应的发展与满足。一直到共产主义社会，因为快速发展的生产力，社会产品非常丰富，在具体的分配领域当中将进一步实现"按需分配"的重要原则。社会主义从某种意义上来说是共产主义的初级阶段，为了进一步实现人的全面发展努力做着各种不同的准备。因此，人的需要只有在社会和共产主义条件下，才可以不断地将多面性与丰富性更加全面地呈现出来，对物质需要的相对重要性与紧迫性缓慢下降的同时，对发展与精神需要的重要性得到逐步的提升，人在精神方面、物质方面的各种需要得到充分的满足。综上所述，人全面发展的重要方面之一就是人的需要的全面发展。

## 二、基于全面发展教育理念的教学管理建设策略

### （一）坚持主体性的教育理念

主体性教育理念的重要核心是对所有受教育者的主体地位给予充分地尊重，通过各种方式努力激发学生重要的学习动力，以及巨大的内在潜力，让学生从以前被动地接受性客体，逐渐转变成主动、积极的中心与主体，同时除了让教育的过程成为学生自主的活动以外，也让教育过程成为学生自我建构的过程。

手机媒体下的学生教育从某种程度而言是主体性教育之一，对人的主体价值给予充分肯定的同时也给予相应的尊重，全面体现人的主体性，将教育主体的能动性充分调动和发挥出来。随着时代的发展和科技的进步，我们已经完全处于一个信息化的时代，当代的学生在其深入的影响下不仅个性张扬，思想也较为独立，有表现自己的强烈欲望，在自我方面的意识也非常强烈，学生们从内心深处非常渴望得到同学与教师的认可、理解以及充分的尊重。

手机媒体能够在一定程度上减少学生的拘束感与巨大的压迫感，使教师和学生在一个相对比较轻松的氛围，以及平等性的空间当中开展一系列的对话，同时也减少了教师和学生之间相互交流的障碍与压力，让外在和客体实施的教育，逐渐转变成为受教育者主体自身的相关能动活动。除此之外，将学校"要我接受"的思想政治教育，转变成为自身成长发展的"我要接受"教育，学生的教育工作者通过对手机媒体的灵活运用，以各种方式开展和组织学生教育，如引导式、渗透式等。学生教育工作者在开展教育活动的时候应该以学生为中心，对比较新颖的主体性教育模式进行大力的倡导，正确引导学生灵活运用手机媒体获取更多的知识，使学生在自我教育方面的能力得到较大幅度的提升，让学生积极、主动地运用手机媒体向更多的学生传递教育信息，不断增强教育主体、客体信息的及时、快速双向或者多项互动的真实反馈。

### （二）坚持问题导向的教育理念

手机媒体下的学生教育应该和学生自身的思想实际密切结合在一起，通过

灵活运用微信、微博等，对学生在日常生活以及学习过程当中遇到的各种问题或者困惑，更加有针对性地解释疑惑。部分学生在思想方面产生困惑或者迷茫的原因有很多，有的是因为各种实际问题引起的，有的是学生在自身认识方面存在一定的偏差。所以，教育者应该从教育对象特点出发，充分按照教育对象不同的思想状况，分层教育、因材施教，专门针对不同对象的实际思想状况，在思想政治教育当中对问题产生的具体原因进行认真分析和研究。

同时，在开展具体工作的过程当中根据实际情况深入细致地进行，不仅要注重和强调学生在思想方面的释疑解惑，还要通过各种方法尽可能地解决学生在日常生活，以及学习过程当中遇到的实际问题，不断将现实和理想之间的距离拉近。将学生学习的创造性、主动性与积极性充分地激发和调动起来，进一步满足学生在精神文化、物质生活发展的各种实际需要，将学生的需要放在重要的位置。手机媒体下学生的思想政治教育应该始终坚持将问题作为重要的导向理念，并且把德育为先、能力为重、育人为本以及全面发展的实际要求认真地落到实处，不断加强对学生实际需求与特征的准确、恰当把握，对宣传思想工作的重要内在规律始终严格遵循，不仅要增强学生教育工作的实效性和针对性，还应该加强感染力和亲和力。

### （三）以人的全面发展为导向

第一，政府一方面要不断加强监管手机媒体的力度，另一方面既应该加强有关立法进一步完善，又应该健全手机媒体的相关法律法规。这可以从法律制度上对诸多不良信息进行最根本的有效防范。

第二，通过运营商不断加强对手机信息的监管力度。通过运营商从源头上对不良信息进行有效控制。另外，手机运营商还能专门针对学生群体，全面培育与积极广泛传播社会主义核心价值观，正确引导学生树立科学价值观的同时，树立正确的人生观和世界观，将学生健康向上的精神境界充分地激发出来。

### （四）深化教育教学改革

#### 1. 改革教育体制

国家应该不断深化教育体制的改革，同时也应该继续深化投资体制的改革，进一步增加社会与政府对教育的投入力度，从而最终形成多规格、多形式以及多层次，社会与政府共同办学的良好格局。

2. 改革课程体系与教学内容

教育改革的重要突破口是课程体系与教学内容，并且这也是关系到受教育者可以具备哪些素质的重要决定性环节。课程体系与教学改革的重要指导思想是将学生的基础打好，同时通过各种方式努力扩展学生的知识面。删繁就简、吐故纳新，将教学内容当中无用的完全剔除，同时将以前较为单一的学科课程进行相应的改变，是其重要的指导原则。注重和强调课程的针对性，和社会、个人以及国家发展的具体目标相协调；对课程的未来发展要足够重视，以便于快速适应未来科技，以及社会生产发展人才的各种实际需要。

3. 改革教学模式

以前的人们在教学的复杂性方面认识非常不足，教学模式十分僵化，因此教师在教学的过程当中无法取得良好的教学效果。实际上，在教学当中并不存在万能的教学结构或者教学模式，不相同的教学目标应该由不同的教学模式完成。现代教学理论的发展已经证明，无论是哪一种教学模式，仅适合于某一特定的教学情境，每一种教学模式不仅有独属于自身的优点，也有一定不足之处。所以，教师在教学的过程当中应该充分遵循学生的学习心理规律，尽可能地努力克服教学模式的单一化倾向，利用闲暇时间学习并掌握多种先进的教学模式，充分依据教学目标，运用不同的教学模式，从而让教学质量得到大幅度的有效提升。

# 第三节　基于素质教育理念的高职院校教育教学管理建设

## 一、素质教育理念的内涵

### （一）素质

基于生理学的角度进行研究，我们一般认为素质指的是个体在先天所具备的解剖生理特点，指的是神经系统所具备的特性与感觉系统拥有的特点。基于心理学的角度，素质能够表现出某一主体的未来发展可能性，简单来说就是这一主体的发展潜力或者发展潜能。基于综合的角度对其进行研究，能够发现素质可以指代整个主体现实性，简单来说，就是指基于先天与后天的共同作用所形成的人的身心发展基本品质与功能水平，其中主要包括主体未来发展可能性的部分。所以我们一般认为人的素质不但包含人在天生所具备的解剖生理特征，还包含人们在日后的生产实践活动当中所逐步形成的基本品质以及个体的未来发展潜能。

## （二）素质教育

部分学者认为，"素质教育"这一词汇是中国的教育工作者所创造出来的。至于素质教育的内涵，我们可以基于时代的需要以及未来的发展角度进行阐释，通常情况下在不同的时代对于人才素质有着不同的要求，其中对素质教育进行研讨的时候必须广泛了解时代的需要，在素质教育当中充分体现出时代精神。在《中共中央 国务院关于深化教育改革全面推进素质教育的决定》指出，"实施素质教育就是全面贯彻党的教育方针，以提高国民素质为根本宗旨，以培养学生创新精神和实践能力为重点，造就'有理想、有道德、有文化、有纪律'的、德智体美等全面发展的社会主义事业建设者和接班人。""全面推进素质教育，要坚持面向全体学生，为学生的全面发展创造相应的条件，依法保障适龄儿童和青少年学习的基本权利，尊重学生身心发展特点和教育规律，使学生生动活泼、积极主动地得到发展。"[①]所以，一般认为，素质教育存在的根本目的是提高国民素质，培养对象为全体学生，重点工作为培养学生的实践能力与创新能力，以便学生能够实现德智体美劳全方面发展的教育。

## 二、基于素质教育理念的教学管理建设策略

## （一）教学管理理念的重塑

要想进行制度革新，就必然要依靠新思想与新观念，通常情况下，一种新

---

① 引自 1999 年 6 月 13 日中共中央、国务院颁布的《中共中央 国务院关于深化教育改革全面推进素质教育的决定》，https://ganxun.hue.edu.cn/2022/0331/c19774a137966/page. psp

的制度必然是在新的理念与观念当中产生的，而新的教学管理制度也是如此。若要进行教学管理制度的改革，首先需要确保实现教学管理思想的变革，应当树立起教学管理现代化的理念，实现教学管理思想上的现代化，一般而言，主要包含有以下几项因素。

（1）树立"以人为本"的现代教学管理理念

深入贯彻落实"以人为本"的思想，始终坚持尊重人、爱护人、培养人、依靠人、发展人、为了人，简单来说就是在现代科学管理过程当中，始终坚持以人为核心，不断提高人的综合素质，并成功调动人的积极性，由此，才能够真正有效提高管理功效，从而实现预定的目标。在现代教学管理过程当中，应当转变旧有的教学观念，坚持以人为本，以学生为主题的人才培养观，由此，才能够真正实现高职院校的素质教育以及教学管理制度的创新。

值得注意的是，在现代管理过程当中，以人为本的思想更为重视人的心理管理，十分关注情感的投入，以期营造出一个良好的教学管理氛围。对于人来说，尽管外部的刺激作用十分有限，但却是必要的，我们需要通过现代教学管理理念充分唤醒包括人的情感在内的各种内在心理因素，使其能够感到自身地位得到尊重，自身的价值得到充分的实现，那么，人的各种潜能才能够被充分激发。在教学管理过程当中，理解与尊重、民主与平等、真诚与合作的人际关系，以及完满的服务、衷心的表扬等都能起到一定的激励作用。

所以说，在现阶段的高职院校教学管理过程当中，应当充分考虑到全体教学人员的工作与心理特点，为其创造出一个和谐、良好、适合工作与学习，且能够充分体现出自身才华与创造能力的环境氛围，以确保能最大限度地满足所有教职工的需求，激发其教书育人的工作动力。真正实现"人尽其才，各尽其能"的目标，并且还需要格外重视对人才进行科学合理的选拔与安排，重视奖励激励工作，以确保这些人才能够自主自觉地参与到教学管理活动当中，由此就能够更好地实现高职院校教学管理改革。其中需要注意的是，激励方式对于我们研究教学管理过程当中的"以人为本"有着较为重要的作用。

（2）刚柔相济教学管理理念

柔性管理是相对于刚性管理存在的，其中需要注意的是，现如今我们所能够找到的最为典型的刚性管理就是泰罗（Taylor）的科学管理。一般而言，刚性管理就是指在教学的过程当中不断对权威、指令或是硬性指标等等进行强化，在管理方式上通常会使用某些规定性的、惩戒性的手段。刚性管理一般以成文的规章制度为管理依据并依靠组织职权进行的程式化管理，这种管理方式始终坚持"以规章制度为本"。而柔性管理更多的是指在管理的过程当中大量进行感情上的投入，并强化精神感召，其中需要着重使用诸如激励、创新、民主、共同参与一类的管理手段，值得注意的是，柔性管理主要依靠组织当中所拥有的共同的价值观、文化、精神氛围所进行的人格化管理，这是一种新型的管理方式，而且，它还是未来的社会管理化与民主化的必要条件。在高职院校的教学管理当中，管理对象不但是那些知识较为丰厚的教师，还是那些在生理与心理上都未曾发育成熟的青年学生，所以说，若是进行素质教育，在选择教学管理手段的时候应当选择刚性管理与柔性管理相配合的方式，其中使用更多的是柔性管理，以便获得良好的效果。

（3）竞争与合作相结合的管理理念

在高职院校当中存在的最为突出的竞争就是教学水平与人才培养之间的竞争。但是需要注意的是，若要进行知识的创新就不能够只依靠竞争还应当进行合作。一般而言，在教学管理当中，不同的系统之间的竞争应当借助互相之间的合作来提升自身的实力，而且，通过相互之间的有效协作能够在一定程度上有效提升竞争力，在教学工作的管理上，不但要鼓励竞争从而更好地提升教学水平，还需要加强教师之间、学生之间以及教师与学生之间的合作意识。通过合作加强交流，最终实现取长补短，有效提升竞争力。另外，在竞争的过程当中，若是存在部分问题与不足之处，就需要利用合作解决，以便更好地提升教学管理水平。

（4）权力集中到民主管理的管理理念

在信息化与科技化高度发展的现代社会当中，管理者与被管理者逐步形成了资源契约化共享的伙伴关系，而且沟通与协商开始成为必要，由此，就需要格外重视民主化管理。在高等院校当中，教学管理逐步具备战略性，承担着越来越重大的责任，而且管理者与被管理者之间的关系也逐渐密切起来，人们开始格外重视民主化管理。曾经上令下行的管理方式逐渐被淘汰，共同参与、相互协调、上下协调的管理方式逐渐流行。所以说，在新型的管理模式当中，管理者应当树立起民主化的管理理念，并使用民主化的管理手段，以此来确保学校的安定团结，有效激发教学人员参与到民主管理中的积极性，最终形成良好的自觉管理意识，使得教学科研工作更好发展。并且通过民主管理也能够有效确保法规具备更高的权威，一所学校中的民主气氛越好，其中的人对于法规就越尊重，也更能够有效执行法规。在对教学的内容、方法与手段等问题进行讨论的过程当中，需要始终坚持贯彻学术自由与学术民主的原则，可以成立一个由优秀教师组成的教学指导委员会，以便更好地提供教学咨询。通过教学的民主管理，能够有效增强教师的责任感与群体意识，也能够充分发挥出教与学双方的主动性、积极性与创造性使被管理对象能够转变为管理主体。

### （二）教学管理组织的重构

#### 1. 协作是教学管理组织的基础

教学管理组织本身属于一个较为复杂的系统，本身拥有着多目标、多层次以及组织活动开展的多序列性。教学管理组织十分提倡集体精神，积极倡导团结协作共处，在教学管理的组织构建当中，需要始终坚持协作原则。

（1）学校领导层成员之间的协作

一直以来，我国的高职院校普遍实行的是校长负责制，副校长是作为校长的助手存在的，实行分工管理。值得注意的是，因为主管各部门的副校长长期以来只负责某一个职能部门，所以在考虑问题的时候，通常会从本部门的利益出发，长此以往，就会导致学校内部逐步形成各部门的利益团体，而若是某一方面的权利或利益过大，就很容易导致学校政策出现不平衡，进而使得学校内部出现不团结的情况并产生内耗，所以说学校领导层的各位成员应当始终坚持在团结、协作的前提下分工负责。

（2）教学操作层成员间的协作

在实施教学管理的过程中，具体执行者为各院、系、教研室。以前，我国各高职院校在办学规模上并不大，且专业的设置上也较为单一。伴随着近年来我国各大高职院校不断对教学改革进行深入，在专业设置方面也逐渐呈现出了较大的变化，而且，各学科之间出现了交叉，且教师所具备的综合业务素质也在不断地提高。在未来的改革发展当中，各高职院校在教学管理方面应当重点强调各成员之间的协作，还应当充分考虑到自身的办学规模、师资力量、生源以及教师自身的学历层次等因素，据此选择合适的发展方向。

2. 以学习型组织为教学管理组织的目标

学习型组织是 20 世纪 90 年代之后在管理理论与实践当中所发展起来的一种新世纪管理模式的理念，而且也是现今我们所认为的最前沿的管理理论之一。学习型组织并不是为了建立一个僵化的组织，而是为了确立学习的观念，而且始终坚持持续的学习、转化与改变，从而使组织内部成员能在工作当中获得生命的意义，并且不断突破自身能力上限。在高职院校中构建学习型组织的主要目的是要求所有成员超越自我，具体来说是需要所有成员不但要面对现实，还要面对未来。其中，该组织的学习意愿应当建立在所有成员意愿的基础之上，并且组织还应当充分考虑到个人的成长对组织成功的价值，并且积极创设出能对个人发展加以鼓励的组织环境，使各位成员能够不断改变自身的心智模式。任何人都存在习惯的定势，这是常年积累的结果，逐步形成一定的心理枷锁。所以，学校管理者应当从局部或静态的方式向互动关系与动态变化的思考方向进行引导与转化。组织内部各成员之间还应当充分表现出自身的意愿与想法。除此之外，在组织内部还可以定期或不定期地组织教师进行团体学习，以便更好促进教师之间的交流。通过观察与学习，能够使教师们逐步形成共同的价值观，有效促进了竞争，还能够将教师的学习目标与组织的发展进行有机结合，使得教学管理中的教师真正成为学习者与研究者。

3. 建立网络化的结构体系

在组织内部纵横交错的沟通网络能够使得各种新知识更加快速地在组织内部进行迅速的传播，这也代表着知识的共享、组织行为的养成以及自我规范。通过不断适应并交流经验能够有效促进网络化层级组织不断进行创新，还能够更好地推广新的行为准则与行为方式。一般情况下，在网络化的层级结构当中，管理中枢的主要工作并不是使用自身所拥有的权利对下属单位的各种活动进行直接的分配与协调，而是需要利用组织信息与对知识进行收集、整理与传播，并借助网络化管理，有效提升管理的效率与效益。在未来的组织结构当中，最为显著的特征就是需要管理组织从现有的命令链发展到网络化，值得注意的是，伴随着信息技术与网络技术的飞速发展，以及互联网的出现与普及，各种网络组织的建立，网络教育教学的愿景得以实现，对现实世界的组织的等级制度、体系以及管理形式等方面造成了很大程度上的冲击，社会组织形式亟待改革。另外，伴随着近年来的网络技术与媒体技术的兴起以及网络技术与媒体技术在教学中的应用，使得教学管理组织受到了很大程度上的影响。

### （三）教学管理体制的完善

（1）建立可持续发展的有效运行机制

经过改革实践之后，我们能够明显发现，教学管理体制改革中最为重要的就是建立一个可持续发展的有效的运行机制。各个学校需要建立起将编制管理作为要素的自我约束、调控的机制，主要内容为全员聘用合同制的竞争上岗机制，坚持以效率为先同时保证公平为原则的绩效挂钩、激励进取、体现贡献的分配激励机制，以及合理的人员流动机制，保证教职工"能上能下、能进能出"。学生也需要建立起一个灵活且富有激励性质的学籍运行机制，确保规定性与灵活性能够实现相互统一，对目标管理加以强化。

（2）重视人才资源的优化配置

在现代的教学管理改革的过程当中，应当十分重视对校内的人力资源进行合理的利用，以便更好地、更充分地挖掘办学能力。对资源的优化配置与科学的管理加以重视，值得注意的是，首先需要对人事分配制度进行改革，以便更好地激活校内人力资源；其次，需要对物质资源进行成本核算，以便更好地提升利用率；最后，可以设置丰厚的奖金与提成，并且可以使科研人员能够按专利、知识产权以及技术等生产要素参考分配等措施，有效促进科技成果的转化，充分对高职院校的知识与科技资源加以利用。

（3）发扬民主，权力重心下移

伴随着教学管理机制改革的全面展开以及改革进行的不断推进，无论是分配制度、用人制度还是领导决策制度等等都会归结于高职院校内部的权利结构的调整。一般而言，权利结构指的是权利在管理的各阶层以及高职院校内部存在的不同利益团体之间的分配与相互利用的作用关系。管理者应当逐步改变自身管理方式，有效加强引导与服务，积极倡导教师与学生参与到管理当中。值得注意的是，这并不是削减管理者的权利，而是为了建起一个教师、学生、管理人员三方的权力制衡关系，以便使得学校管理能够更加良性与高效地运行。

## （四）学生自主学习制度的建立

学分制作为一种教学管理制度，本身十分符合素质教育与创新教育思想。所以，只有在我国各高职院校推行学分制管理，才能够更好地实现教学管理制度改革。

（1）改革人才培养模式，变教学计划为培养计划

人才培养模式是学校为了能够更好地培养特定目标而创设的一种培养过程的构造样式与运行方式，其中主要包含有专业方向、课程模式、教学设计、教育方法、实践教学等构成要素。尽管人才类型相同，但是培养模式可以不同，不管怎样的培养模式都有着属于自己的独特的框架。值得注意的是，若想要培养出高品质的创新人才就需要构建出符合社会需要的、有着鲜明的时代特征的人才培养模式。现如今是知识经济时代，在素质教育的背景之下，社会的建设需要具有创新精神的个性型、合作型和复合型人才，学校所秉承的培养目标为"厚基础、宽专业、强能力、高素质"，对学生进行综合培养，主要内容包括加拓宽专业、重视能力、提高素质。

（2）加大学生自主选择教师、专业、课程和学习方式的力度

通过实行教师挂牌上课的制度，在一定程度上扩大学生对教师进行选择的权利。对于我国的各高职院校来说，应当在合理的情况之下，放宽转专业的条件以及比例上的限制，在学生进行专业的选择的时候加以引导，尽量不限制学生，使其能够按照自身的兴趣、爱好与特长等情况自主选择专业或者变更主修的专业，又或者选择中途退学等等，以便更好地实现学生的个性发展。现阶段，各高职院校当中所使用的依据文理大类或学科大类进行招生的方式有一定的可取之处，由此也能够使学生获得更为广阔且自由的选择空间。除此之外，还需要对刚性的培养计划进行改革，控制必修课，并在合理的范围内有效提升选修课的比例，其中最应当提升的就是任意选修课的比例，对教师开设跨学科、跨专业选修加以鼓励。另外，还需要保证学生能够根据自身的学习能力与实际情况选择适合自己的学习方式，并不需要对学习的时间、地点等因素进行强制的规定，从而更好地培养学生的自主学习能力。

# 第四节　基于创新理念的高职院校教育教学管理建设

## 一、创新教育概述

目前，对创新教育的认识还存在偏差。

其一，创新教育的主要目的是积极鼓励学生进行各种"小发明，小创造"。这种认识尽管在一定程度上已经摆脱了传统应试教育僵化死板的框架，但是需要注意的是，在实践的过程当中，这种认识仍旧将发明创造看做了面向学生的强制性任务，而这又重新陷入了应试教育的体系当中。

其二，创新教育需要重点培养学生的发散性思维。这一培养目标的确定在一定程度上直接揭露了创新教育部分的目标，但是若从整体上来看，稍显片面。创新教育存在的目的并不仅仅是对学生的发散性思维加以培养，还需要重点培养学生的创新精神，有效提升学生的创新理念。

创新教育就是对某些陈旧的人才观、教育观、教学观和师生观进行颠覆性的创新，在过去，人们认为人才就是那些拥有高学历的人，而创新教育则认为，人才需要具备创新力；在过去，人们认为教育存在的目的就是为了使人学习知识，创新教育存在的目则是为了培养人的创造性思维；过去的教学大多采用灌输式教学法，创新教育则更为强调在教学过程当中应当使用引导式的教学方法；过去，人们认为师生关系当中，学生应当一切顺从教师，现在的创新教育则认为，师生之间的关系应当是平等的，学生应敢于向教师提出质疑。

创新教育也包含了对旧的教育制度、课程编制和教学方法进行创新。在国内，创新教育较为新奇，但在国外已经积累了大量的实践经验与科研成果，而且，这些通过将实践与理论进行结合的经验与我国现行的教育中的很多环节有着很大程度上的差异，所以说，创新教育的一个目的就是要我们对其中存在较大差异的方面进行批判性的学习，取其精华，弃其糟粕。

另外，创新教育需要始终处于一个较为宽松的学术氛围当中，对于所有人来说，只要自己的学术成果拥有足够的科研价值就可以将其发表到学术报刊之上。而这种教育方式能够使我国更好地摆脱以往保守的学术传统，以便开创出一个足够自由的学术时代。所有人都能够自由地发表自己的观点，都可以自由尝试自己的创新的想法。

总的来说，为了更好地面对未来的知识经济的时代，我国在开展创新教育的时候需要重点研究怎样有效提高学生的创新意识，建立起培养学生的创新精神的新型教育理念。

## 二、基于创新理念的教学管理建设策略

（1）更新教学管理人员理念

在高职院校的管理过程当中，工作人员应当及时对自身的理念与思想进行更新，另外，高职院校还应当自己组织管理人员定期参与培训与外出交流学习，吸收其他院校的优秀理念，学习他们的有效教学管理方法，使得高职院校在决策上更加科学合理，从而确保高职院校能够更好地为教师与学生服务，有效提升教学管理水平。

（2）科学的教学管理方法

如今，很多高职院校在教学管理上仍旧存在着很多方面的问题，所以对于高职院校来说，未来的工作重点应当是努力丰富并完善科学的教学管理方法，并尽可能提升教学管理水平。在进行教学决策的实施过程当中，需要采用学校教学管理层共同商议教学管理的方式，并在最后通过投票并基于少数服从多数的原则，对高职院校的所有教学管理决策与计划进行表决。由此就能够有效增强教学管理在决策上的民主性，也使得其中的内容更具科学性，通过集体决策的方式选择合适的教学管理方法，能够有效提升高职院校的教学管理水平。

（3）引进教学管理人才

若要对教学管理方法进行创新，高职院校就需要积极引进众多优秀的人才参与到教学管理工作当中，通过聘请高质量的管理人员，能够使得教学管理更具科学性、规范性、合理性、先进性、准确性，最终有效促进高职院校的发展。

（4）全员参与教学管理

在高职院校教学管理创新的过程当中，应当坚持对教师与学生进行鼓励，使其能够积极参与其中，教师与学生还应当享有决策的权利。管理层应当对基

层人员的各种建议加以重视，不再使用传统的个人决策的方式，而是采用多方参与决策的方式，以确保高职院校的教学管理决策更加科学。除此之外，高职院校还应当重点鼓励学生与教学积极参与到教学管理当中，高职院校的管理层还应当认真听取教师与学生的意见与建议。

（5）改革高职院校学制

现如今的很多高职院校在开展教学管理的时候所制定的相关计划内容过于统一，为解决这一问题，高职院校应当重点对自身的学制加以改革。在高职院校当中，可以实行弹性学制，使得教学工作能够根据学生的实际情况进行，从而为学生提供个性化的教学，另外还可以有效提升学生综合能力与综合素质，而且还能够有效激发学生的学习动力，更好地满足学生的不同需求，使学生能够获得更加优秀的教育，最终获得更为广阔的发展前景。

（6）完善教学管理系统

在高职院校的教学管理过程当中，教学管理系统处于十分重要的位置，利用教学管理系统，能够更加快速地对教学的管理工作进行完善。所以说，高职院校应当重点加强教学管理系统的完善工作，不间断地对其进行查漏补缺。首先，需要利用高职院校的教学管理系统逐步形成教学管理委员会与教学管理重心，在进行决策的时候，教学管理委员会中的成员能够将自身所持有见解及时发表，而这也会在一定程度上对教学管理的决策者提供合适的借鉴与参考。若是遇到意见不统一的情况，管理委员会与管理者需要继续进行深入的调查、分析、研究，通过搜集各种有效信息，最终得到重要的结果与数据，并依此进行决策。其次，需要对高职院校的教学管理工作执行的系统不断地进行完善。在教学管理的过程当中，教务处属于职能部门，是高职院校开展教学工作的实体，属于高职院校教学管理的基层组织。所以说，高职院校应当对教务处所拥有的职能进行细化，以便更好地提升教务处的科学决策与科学管理的科学性，值得注意的是，教务处在接受教学管理的决策之后，对于高职院校的所实行的各种教学管理的决策应当进行仔细的研究。若是在研究的过程当中出现一部分并不科学的决策，就应当及时上报至上级管理部分，对相应问题进行纠正，以确保能够在本质上有效提升高职院校的执行决策的准确性。最后，需要注意的是，还需要积极完善现有的高职院校的教学管理工作的反馈系统，从而更好地提升高职院校的教学管理效率。

（7）改革教学管理制度

在高职院校的教学管理过程当中，需要重点对各种相关制度与规范进行完善与改革，主要是因为制度与规定属于一项十分重要的管理资源，能够在一定程度上对人们的活动进行制约，从而在本质上对高职院校人才的培养进行保证。在高职院校的教学管理过程当中，通过制度创新能够确保相关制度更符合高职院校教学的实际情况，满足学生需求，适应社会经济的发展，最终真正实现学生的全方位发展。所以说，应当充分调动学生的学习积极性和教师的工作积极性，使学生获得更为广阔的发展空间，更好地满足素质教育对于高职院校教学管理的需求。

在高职院校进行日常的教学管理的过程当中，管理人员应当对教学管理制度当中存在的一些并不合适的地方进行明确，甚至是修改、剔除，从而在实践过程当中能够不断对高职院校的教学管理制度进行完善与修订，并积极对教学管理模式进行改革，使之能够更好地满足高职院校学生的个性化发展与个性化的需求。值得注意的是，弹性学制本身就是对教学管理模式的创新，而且，我们还能够通过打破专业限制的方式，使学生能够获得自主选课、自主选择教学机制、跨专业学习以及根据自身兴趣选择专业的权利。由此就能够有效激发学生的学习兴趣，从而更好地培养出全面发展的人才。

总的来说，在开展高职院校的教学管理工作的时候需要对其中存在的优势与弊端进行明确，根据实际情况选择合适的管理办法，对现有管理模式进行创新，有效提升管理水平与层次。其主要目的是高职院校能够更好地发展，使之能够符合时代发展的要求与社会发展的要求，为社会培养出众多的优秀人才。

# 第五节　基于开放理念的高职院校教育教学管理建设

## 一、开放理念概述

现如今，"理念"一词总是被人们提及，对于我们来说，若想要真正解决课程问题，首先需要对理念的内涵进行深入且正确的理解。简单来说，"理念"一词当中的"理"主要指的是理性或者理论，"念"则指的是观念、信念等等，它们组合在一起的意思就是与理性思考所形成的极富创新的观念以及应当追求实现的目标。值得注意的是，人们一般认为，理念就是人们在经过长时间的理性思考以及实践之后所形成的思想观念、精神向往、理想追求、哲学信仰的抽象概括。甚至于还出现了很多的学者，他们认为理念应当是高职院校办学的理想与信念，而这也是学校办学的灵魂与指针，以确保学校能够始终坚持可持续发展。除此之外，还有一些学者则认为开放理念指的是，学校本身作为一个系统，若是想要获得足够的生存与发展的空间就一定会在一定程度上受到环境的限制，而且还需要与社会当中存在的方方面面进行物质、能量、信息上的交换与传递。在教学管理的过程当中，始终坚持的"开放理念"属于一种具有包容性、民主性、自主性、创新性的教育。一般而言，学校的教育不应当只是一种封闭的系统，而是应当积极拓宽自身的视野，不断进行思考、谋划与推进。通过开放的学校教育能够真正实现"处处是教育之所，时时是教育之机，人人是学习之人"的教育理想。

除此之外还有部分学者所提出的开放理念，指的是有着开放的观念与理想追求。比如，基于开放理念的课堂教学，具体表现为开放的教学观念、开放的教学课程、开放的教学方式等，以学生为中心，通过使用多样化的教学方法、手段与途径，从而有效取消或者突破传统的课堂教学所带给学生在学习上的限制与障碍，为学生带来个性化与个别化的教学。基于开放理念的指导，课堂教学的目标会始终坚持遵循"知识和技能、过程和方法、情感态度和价值观"的三维目标，教师也会采用因材施教的形式；值得注意的是，课堂教育环境不但有着"时空、设施"的物质环境，还存在教师与学生以及学生之间的人际环境，并且，还存在表现为"校风、班风、教风、学风"的文化环境等等；在教学内容上，十分重视学科之间的知识整合，学生也能够根据自身情况与需求选择合适的选修课程进行学习；教育评价所坚持的基本原则为发展性评价。基于开放理念的课堂的教学过程当中，教师需要与学生进行互动交流，从而更好地对学生的发展加以引导，这里不但能够传授知识，还是探究知识和展现智慧的福地。

## 二、基于开放理念的教学管理建设策略

### （一）开放理念下课堂教学管理原则

（1）自主性原则

对于美国人本主义心理学家卡尔·罗杰斯（Carl Ronsom Rogers）来说，一个能够充分发挥出自主性的人所具备的四个显著特征分别为：洞察力、创造性、建设性、选择性。而这也就表明，在开放的课堂教学过程当中，为了更好地发挥出学生的自主性，首先要重点训练学生的洞察力，通过新的思维方式来对旧事物的过程进行分析，基于自身原有的知识，主动发现新旧事物之间所存在的关系，并自主接收已知材料中所蕴含的意义的愿望；其次，需要对学生的创造性加以培养，通过开放的思维、态度、手段等条件，使学生能够对知识进行探索并发现其中问题，从而创造出解决问题的方法，有效提高学生依据环境所形成新的关系的能力；再次，应当对学生的建设性态度加以培养，基于一个开放的教学背景以及自由发展的条件，使得学生能够成为健康向上、积极进取，对学习有着建设性态度并能够更好适应社会发展变化的人；最后，应当培养学生的选择性行为，学生本身是自主学习主体，所以对学习过程拥有选择行为的自由，而学校与教师只能够对其进行正确引导，绝不可加以抑制，由此，学生才能够在课堂教学过程当中，依据自身个性化需求，不断完善自我，充分发掘自身潜能，最终使自身的个性得到充分而自由的发展。为解放学生就必须使学生拥有自主学习与自主发展的权利，而这也正是开放课堂教学所始终坚持的基本原则。

（2）开放性原则

对于一个开放的课堂来说，开放性是其教学形式的主要原则。

首先，需要注意的是，应当始终坚持开放的教学观念与目标。通过开放的教学观念能够充分挖掘出学生的潜能，使其能够不断发掘出自身的个性并有效提升学习的能力。所以，通过开放的课堂教学能够促使学生获得更加开阔的视野，了解更多、更全面的知识，使他们能够更好地对世界加以了解。

另外，需要始终坚持开放的思维与情感。开放性思维的主要针对的对象是现代课堂教学当中的开放内容、开放理念、开放思维与开放情感。值得注意的是，在教学过程当中，高职院校应当重点关注学生的情感开放，而情感开放的

基础是教师与学生之间平等的交流，开放课堂存在的基础是教师应当帮助学生有效消除沟通障碍，而且对学生的内心感悟加以了解，已然成为开放性原则中一种有价值的沉淀，也是将之转化为教学行为的必要过程。现今社会的发展主要呈现出以下两个特点：其一，互联网发展迅速，而信息与经济发展以及知识的更新也在与时俱进；其二，社会的整体在进步，发展的速度也在加快，人本思想逐渐凸显出来。所以说，高职院校在课堂教学的过程当中，应当格外重视时代性、创新性与和谐性，使课堂教学始终充满活力，而且只有一个开放的课堂，才能够充分激发学生的丰富想象力，并更好地培养学生自主创新意识，不拘一格地多角度、多方位考虑学习当中遇到的各种各样的问题。

（3）实效性原则

开放课堂的存在有着一定的实用价值。其中，开放为一种形式，形式需要为内容服务，而且只有形式与内容实现统一才能够真正实现最初设定的教学目标，在开放课堂教学当中，最终的目标就是将教学目标落到实处。

第一，实效性课堂应当配备有实效型教师。教师的存在能够对教材进行全面的掌握，并重点分析其中的重难点与关键点，并且要在课堂自主性原则与开放性原则之下进行拓展延伸。教师在教学过程当中，还能够对教学资源进行有效组织与合理配置，使教学资源的运用足够科学合理。

第二，实效性课堂需要有合作型的教师。为确保在课堂教学当中，教师作为外因能够充分发挥自身作用，学生作为内因也能够获得完全的释放，就需要教师与学生在这一过程当中进行紧密的合作，教师为还应当对所有的学生都进行全面的了解，并基于当前的所有学生在个体上存在的差异选择制定合适的教学方案。

第三，实效性课堂应当配备有智慧型教师。伴随着时代的发展，如今的学生都具备较为鲜明的个性特征，不但具备足够深厚的内在潜力，而且自身的潜能也在不断地发展，他们对于自己的学习有着个性化需求，为满足这一点，就需要现代教师在课堂教学过程当中具有足够的应变能力。

第四，实效性课堂需要有情感型教师存在。教师的服务职能主要是由教师的职业决定的，简单来说就是为学生提供教育服务，而这也正是由教师的专业决定的，所以，教师在进行开放的课堂教学的过程当中，需要饱含激情、热情与期待，始终坚持真诚、宽容与友善，给学生足够的信任，取得学生的认同。总的来说，课堂教学的实效性应当基于一个良好的学习氛围，并与教学的循序渐进的原则相联系，尽管对于我们来说，追求速度能够实现高效，但是在课堂教学当中最为重要的还应当是基于教育的客观规律之下的对教学质量的追求。

### （二）构建开放的课堂教学管理体系

（1）教学理念的开放性

教育存在的目的是让学生能够自由地发展，在经过教化之后，能够获得更高层次的一种觉悟。需要注意的是，若要实现这一境界，就必须要依靠教育，通过教育来有效促进学生实现和谐发展与持续发展，而且若想要学生能够自由发展，就需要为他们创设适合自由发展的环境。显而易见，在高职院校的课堂教学过程当中，其基本理念为开放，而由此所形成的开放且自主的学习文化，也就成为高职院校课堂教学改革的价值追求。

理念是作为行为的先导存在的，课堂理念如何，课堂教学的行为也会发展都什么样子，并且需要注意的是，理念常常对行为产生潜移默化的影响。所以说，构建出开放的课堂教学，使得新的教学理念成为课堂教学改革的核心。值得注意的是，若是构建开放的课堂教学，就需要实现教学观念的现代置换，对部分传统落后的教学行为进行改造。所以说，高职院校的课堂教学应当借助课程改革对新的教学理念进行关注与了解，值得注意的是，这种新的教学理念能够重点突出学生在学习上的开放性、自主性、创新性。教师也应当积极建立起与时代相同德育课程改革的精神相符的课堂教学理念，之后不断将之内化为自己的自觉行为，从而使得自己成为一名符合时代要求的新型教师。

（2）师生关系的开放性

通常来说，在课堂当中，教师与学生能够共度生命历程，而且需要注意的是，尽管课堂不是教学的唯一地点，但一定是学生进行学习的主要地点。所以说我们若要实现开放性课堂教学，就必然需要确保师生关系具有开放性，教师应当有意识地将课堂变为活泼的课堂，使学生不会产生抵触心理，在行为上，逐渐从被动接受转变为主动探究。

（3）教学内容的开放性

在教学的过程当中，教学内容的开放主要表现在以下两个方面：其一，虽然凭借教材但是并不拘泥于教材。对于教师来说，尽管教材在教学的过程当中十分重要，但是自身也应当与教学实际进行结合，灵活地使用教材，创造性地处理教材，就比如对教材的内容根据实际情况进行删减、修改、添加等等，并在其中补充一些能对学生进行素质教育的知识。教师要想做到这一点，就需要有勇气打破"应试教育"的枷锁。其二，在教学的过程当中，教师应当积极鼓励学生对所学知识大胆质疑，就比如向教材与教师提出自己的疑问并给出自己所总结的修改意见与创造性的建议，教师应当重点培养学生崇尚权威又打破权威的意识，积极培养其创新精神。

（4）教学方法的开放性

第一，训练开放的思维。我国传统的课堂教学方法通常是更为重视间接经验的获取，并不重视培养学生的创造性思维，由此就直接导致学生迷信权威，过度依赖课本，所以在开放性课堂教学过程当中，需要教师及时转变传统教学观念，积极培养学生的创新思维，引导学生主动对未知进行探索，并对现有教学方法进行大胆改革。

通常情况下，创造性思维是基于一般思维发展起来的，它属于人在后天培养与训练的结果，自身有着思维的变通性、独特性和敏感性。在开放课堂教学当中，教师应当通过引入开放性问题，积极引导学生从不同的思维角度进行探索，由此就能够更好地提高学生创造性地发现、提出、分析、解决问题的能力。

第二，强化开放中合作。一般而言，合作学习指的是学生在小组或者团队当中，为了完成某一项共同任务而进行的有着明确责任分工的互动性学习。合作学习并不只是指师生交往，其中，合作还包含资源的共享。在开放性的课堂教学过程当中，学生的知识结构包括了教材提供的知识、教师提供的知识、师生互动的知识和学生之间互动的知识，对于学生来说，自己所见到的一切都是极为珍贵的学习资源，而且学生应当养成自主、探究、合作的学习习惯。

（5）教学途径的开放性

开放课堂有着极为广阔的教学途径，因为现代的网络信息技术十分发达，基于新课程改革的背景，若要创建出合适的开放课堂教学途径，就需要进行研究性学习并运用现代教育技术。

第一，在研究性学习中创建开放性课堂教学。

值得注意的是，开放性课堂教学不但需要教师的研究性教学，也需要学生配合进行研究性学习。而研究性学习本身指的是一种活动，即在教师的指导之下，根据学生的兴趣情况进行研究专题的选择与确定，并由学生主动开展的一种获取知识、应用知识，最终解决问题的学习活动。在学生研究性学习活动当中，主要存在以下五个环节：在教师指导下或自主选题、收集资料并阅读文献、制定研究方案、实施研究方案、撰写研究报告或研究论文。所以说研究性学习不但是一种学习方式，还是一门课程。

第二，运用现代教育技术创建开放性课堂教学。

开放课堂的教学依据是以知识经济为基础的现代教育思想，并将封闭式转变为开放式，将传统的知识教育转变为能力培养；其中的教学目标为培养出有着创新艺术与能力的研究型人才。

在现代信息网络技术的冲击之下，高职院校的教学手段也发生了很大程度上的变化，很多学校逐步建立起校园网，并开设了基于信息网络技术的开放教育，其本质上是通过多种媒体创设以及开放学习环境对学生的学习行为与教师的教学行为进行整合。其一是为了重建教与学的关系；其二是将教育环境放置在学习者的正常生活环境当中，特别是在学习个性化的前提之下，成功实现教与学行为的重新整合。以上这些正是开放课堂教学的有效途径。

## （三）创建开放的课堂教学模式

（1）自主松散式

自主松散式的课堂教学模式主要会有以下五个方面的转变：其一，教师的角色逐渐由传统的权威型转向伙伴型，教师开始成为学生的学习伙伴；其二，学生开始从被动地听，转向主动参与，逐渐成为课堂的直接参与者；其三，教学媒体逐渐从演示工具转变为认识工具，它不但是教师进行教学的时候所使用的演示工具，还是学生进行动手实践之后的发现与总结的工具；其四，教学的过程逐渐从传授型转变为引导型，教师不再是传统意义上的知识的解读者与传授工具，逐渐成了学生在学习中的知识引领者与开拓者；其五，教学内容与形式逐渐由传统的封闭型转变为开放型，依据学生自身的兴趣爱好以及各项因素，自主选择合适的学习内容与形式进行探索学习。不管是教材还是教师，教学中的根本要求都是学生的"自我"，一切教学活动都需要围绕学生的"自我"展开。通过创建开放式的课堂营造出能够被学生接受的气氛，使学生得到更好的学习体验，逐步形成最为真实的自我概念，而且，需要注意的是，在这里应当重点强调，自主并不是要求教师放任学生，而是应当从另一个角度追求师生的平等关系。

（2）民主讨论式

民主的课堂教学，就是将课堂交付给学生，使学生能够自由发挥。在民主的课堂教学中，学生可以参与到课堂教学讨论当中，教师也应当积极指引学生的思考方向。教师就是导师，在教学过程当中应当始终坚持"道而弗牵、强而弗抑、开而弗达"的课堂讨论原则，以便学生能够在教师的指引之下充分表达出自己的思想与情感。总而言之，我国的教育课改革，研究性学习、综合实践活动的主要目的就是为了使迷茫的教师与学生能够获得一个较为明晰的发展方向。

（3）多向联系式

在开放课堂当中，应当对学生的实际加以联系，了解到学生需要什么，使学生拥有表达的机会，若是教学不以学生为本，那么教学就是盲目的。现代的开放课堂教学已经不再拘泥于教室、学校，开始倡导教师积极扩展教学渠道，使得学生能够了解到真实的社会。在课堂教学当中，积极引导学生走向社会，使得课堂教学能够与社会实际进行紧密的结合，通常情况下，教师能够利用社会图书馆、博物馆、科技馆等公共设施，使学生能够亲身观察并体验社区生活。

# 参考文献

［1］钟美平. 职业教育的教学管理策略分析［J］. 电子技术，2022，51（6）：
136-138.

［2］陈清舜. 以就业为导向的高职教育管理理念创新［J］. 开封文化艺术职业学
院学报，2022，42（5）：56-58.

［3］王栋. 基于就业导向的高职院校教育教学管理改进策略［J］. 创新创业理论
研究与实践，2022，5（6）：94-96.

［4］罗利华. 创新技术在教学质量管理中的应用［J］. 集成电路应用，2022，39
（3）：242-243.

［5］牛四花，许馨苓. 基于产教协同的高职院校教学管理创新研究［J］. 佳木斯
职业学院学报，2022，38（2）：143-145.

［6］朱翔. 新时代背景下高职院校学生教育管理模式创新研究：评《高职院校学
生教育管理创新研究》［J］. 领导科学，2022（2）：157.

［7］李泓达，赵梅芳. "三教"改革实施路径研究［J］. 产业与科技论坛，2022，
21（2）：156-157.

［8］罗明钊. 新时期高职院校教育教学管理模式实践探究［J］. 食品研究与开
发，2021，42（23）：248.

［9］王洪宝. 高职院校学生教育管理模式的创新研究［J］. 科技风，2021（33）：
43-45.

［10］孙静懿. 基于人才培养的示范性高职院校教学改革研究［J］. 成才之路，
2021（32）：27-29.

［11］晏丽明. 新时代高职教育教学管理模式改革与创新路径研究［J］. 现代职
业教育，2021（43）：198-199.

［12］徐志娟. 高职教育教学管理和教学方法创新分析［J］. 科学咨询（教育科研），2021（10）：14-15.

［13］刘凡诗. 高职院校教师教学质量评价体系改革与实践［J］. 产业与科技论坛，2021，20（18）：224-225.

［14］吴叶. 基于成果导向的高职教学管理研究［J］. 长江工程职业技术学院学报，2021，38（2）：42-45.

［15］薛雷雷，向锋. 工学结合人才培养模式引导下的高职教育教学管理探讨［J］. 财富时代，2021（5）：191-192.

［16］王莹. 基于"三教"改革背景下的高职院校教学管理对策研究［J］. 发明与创新（职业教育），2021（4）：33+36.

［17］罗瑶. 高职院校人文管理与教学管理融合在教学改革中的研究［J］. 天津职业院校联合学报，2021，23（4）：48-53.

［18］陆秋. 产教融合与高职院校教育教学管理研究［J］. 商业文化，2021（12）：44-46.

［19］许玉婷. "互联网+"时代下高职院校教学管理信息化建设探析［J］. 山西青年，2021（7）：136-137.

［20］王飞. 基于互联网思维语境下创新高职院校教学管理模式［J］. 烟台职业学院学报，2021，16（1）：60-65.

［21］谢群斌. 高职院校政校企协同育人背景下教学管理存在的问题及对策［J］. 湖北开放职业学院学报，2021，34（2）：155-156.

［22］廖方圆. 创新背景下高职院校实践教学管理探讨［J］. 造纸装备及材料，2021，50（1）：150-152.

［23］李程妮，池峰. 新形势下高职院校课堂教学管理存在的问题及对策分析［J］. 湖南科技学院学报，2020，41（6）：85-87.

［24］周翔. 现代学徒制人才培养模式下的高职教学管理体系［J］. 教师，2020（36）：104-105.

［25］刘悦凌. 产教融合视域下高职院校教育教学管理制度体系研究［J］. 高等职业教育（天津职业大学学报），2020，29（6）：15-18，28.

［26］陈蕾. 新常态下高职教育教学管理工作研究［J］. 大学，2020（47）：55-57.

［27］王晶. 高职院校教学管理模式的探索［D］. 石家庄：河北师范大学，2017.

［28］蒋微. 高职院校教育质量过程管理研究［D］. 南京：南京信息工程大学，2013.

［29］刘诣. 高职教育的实训教学模式探究［D］. 天津：天津大学，2009.

［30］卢月萍. 高等职业院校教学管理若干问题的探讨［D］. 天津：天津大学，2007.